Alfredo Conde
Romasanta.
Memorias inciertas del Hombre Lobo

Alfredo Conde

Romasanta. Memorias inciertas del Hombre Lobo

Ediciones Destino
Colección
Áncora y Delfín
Volumen 994

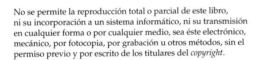

© Alfredo Conde, 2004
© Ediciones Destino, S. A., 2004
Diagonal 662-664, 6.ª planta, 08034 Barcelona
www.edestino.es
Primera edición: abril 2004
ISBN: 84-233-3609-3
Depósito Legal: M. 10.397-2004
Impreso por Lavel Industria gráfica, S.A
Gran Canaria, 12. Humanes de Madrid
Impreso en España-Printed in Spain

PALABRAS NECESARIAS

Esta historia es cierta. Ciertos y reales son los personajes, ciertos son también los hechos; incluso las más de las palabras que se registran a lo largo de esta historia fueron realmente pronunciadas. No hay ficción en todo lo que aquí se cuenta. Manuel Blanco Romasanta existió. Existieron Bárbara García y sus hermanas. Realmente hubo un don Vicente María Feijoo-Montenegro y Arias. También un Pedro Cid. Y un Mr. Phillips que practicaba la *electrobiología* y no se sabe cuántos sabios, muchos, demasiados en todo caso, que creyeron en sus teorías, luego de contemplar los experimentos que las ilustraban. También existieron tantos otros personajes más como los que por aquí van a desfilar al hilo de los hechos.

Manuel Blanco Romasanta fue juzgado en Allariz, a mediados del siglo XIX, cuando La Ziralla,* que es

* *Allariz* escrito al revés.

7

como la llamamos los que en ella nacimos, quizá porque que estamos acostumbrados a ver siempre las cosas desde otra perspectiva, ya no era la villa y corte medieval que había sido, sino un pequeño pueblo provinciano, ocupado por profesionales liberales, funcionarios públicos, la vieja hidalguía venida a menos, los grandes empresarios venidos a más, gracias a las industrias del curtido, y, en consecuencia, por los trabajadores del ramo; es decir, curtidores, zapateros y talabarteros; pero también por pequeños propietarios campesinos, dueños de sus tierras, y otros que no lo eran y se ocupaban como labradores a jornal; al tiempo que comerciantes, tenderos, impresores, carpinteros, herreros, albañiles y tratantes de ganado ayudaban a completar un marco social rico y variado, que acogió el juicio al Hombre Lobo con la expectación fácil de suponer y la polémica subsiguiente.

Manuel Blanco Romasanta, conocido como el Hombre Lobo de Allariz, no era de Allariz, sino de Regueiro, como se verá en el texto, pero así pasó a la historia, con ese nombre. Fue acusado de nueve muertes y reconoció haberse convertido en asesino cada vez que su cuerpo se lo exigió transformándose previamente en una bestia sanguinaria. En un lobo. Acusado de ello, en el mismo año que se cita en el texto y por los mismos hechos que en él se señalan, fue juzgado convirtiéndose en el único caso en el mundo por tal motivo. La más de la prensa de la época, animada por las supercherías científicas del momento, y una parte im-

8

portante de la sociedad creyeron la patraña. Esta historia así contada es el pago de una vieja deuda familiar y de otra con la cultura a la que pertenezco.

Desde niño supe de la existencia de Manuel Blanco Romasanta pero, como los más de los niños de mi entorno, nunca le llamé el Hombre Lobo, sino el Saca Untos, o el Saca Mantecas, también el Hombre del Saco. La tradición familiar, esas historias que se transmiten generación tras generación, me informó de que mi tatarabuelo don Vicente había intervenido en el caso como médico, sin que al parecer le hicieran mucho caso. Cada vez que oía la historia del bisabuelo de mi madre, contada por ella, me prometía a mí mismo que, cuando fuese escritor, contaría la verdad que se me transmitía. Lo hago ahora. Nada de lo que se cuenta aquí es mentira. Lo único incierto es que Manuel Blanco Romasanta pensara como aquí se le hace pensar, que sintiera como aquí se le hace sentir.

Se hace constar esto porque hubo otras historias que fueron escritas, a propósito de estos mismos hechos, muchos años antes de que fuese redactada esta que ahora su autor prologa. ¿Por qué esas otras historias han de ser más ciertas? ¿Por qué ésta ha de serlo menos que las otras? En ellas, en las otras, Manuel Blanco Romasanta es presentado como un gallego ignorante y supersticioso, degradado e inculto, que se creyó afectado de una maldición que efectivamente respondía a sentires ancestrales del hombre y propios de la cultura europea a la que autor y personaje pertenecen. Con esos mimbres de

9

zafiedad e incultura, de brutalidad y degradación, se han tejido novelas y películas, tesis doctorales e interpretaciones varias. Me han molestado siempre. No porque fuesen más ciertas que la mía, que no lo son, o no lo son tanto, sino porque nos presentan a los gallegos bajo ese cliché odioso de la superstición, la incultura, la ignorancia que no siempre coincide con la realidad de los hechos. Una más en este caso que ahora nos ocupa.

Quiero decir que los gallegos también somos supersticiosos, ignorantes, incultos y tan llenos de todos los defectos, pero también de todas las virtudes, que pueden disfrutar o padecer los miembros de otros pueblos. Unas veces asoman aquéllos, pero otras veces asoman éstas. Y en ocasiones suelen asomar ambos. Siempre asoman ambos. En el caso concreto del juicio seguido contra Manuel Blanco Romasanta, contra el Hombre Lobo, los más supersticiosos e incultos no fueron ni el pueblo llano, ni los jueces ni la clase médica gallega, sino aquellos que creyeron en la superchería científica del momento; es decir, quienes más allá de nuestras fronteras naturales aceptaron a Manuel Blanco Romasanta como éste acordó presentarse ante el mundo, como un hombre lobo, a fin de provocar su compasión y, apoyándose en ella, alcanzar la benevolencia y el perdón. Al presentarlo yo ahora como un asesino en serie, como un *serial killer*, para decirlo con lenguaje actual, aunque impuro, cumplida la primera y familiar de las dos deudas, pago la segunda de ellas, adquirida sin que nadie me concitara a ello.

Para que yo cumpliese con las dos deudas citadas fue preciso que Julio Fernández acordase producir una película sobre estos hechos ciertos. Y que Albino Mallo sugiriese mi nombre para que fuese yo el encargado de urdir la trama literaria que diese pie a la narración cinematográfica que se derivaría de ella. A ellos dos mi gratitud, independientemente de que la película llegue o no a realizarse, de que lo que en ella acabe por contarse se atenga o no a lo escrito, o del resultado artístico que pueda deparar. Pero también estoy en deuda con más gente.

A Remigio Conde, presidente que fue de la Audiencia de Lugo, hombre serio, dueño de un humor sereno e inteligente, capaz de aprender alemán y sánscrito por su cuenta para poder leer a Kant y entender a Buda, tengo que agradecerle el envío del sumario, que seguí al pie de la letra y como no podía ser menos.

A mi editor no le tengo que agradecer nada en esta ocasión, pero lo hago porque, en última instancia, este gran cumplidor de citas me cae bien. A Gloria Gutiérrez, *alma mater* de la Agencia Literaria Carmen Balcells, le agradezco el ánimo que me dio cuando, sin ella saberlo, yo dudaba de esta historia, de su oportunidad e incluso de su redacción. A Mar, mi esposa, y a Maiña, nuestra hija, que sigan ahí. Y a ustedes, que hayan llegado hasta aquí leyendo y se atrevan a continuar haciéndolo. Al final nos vemos.

Casa da Pedra Aguda, 17 de diciembre de 2001

La ciencia es una antorcha
que puede servir para ver
la existencia de abismos
y no para penetrar en su fondo.

Jaime Balmes, *El Criterio*

Igual que la moda determina
lo que debe agradar y lo que no,
así determina también lo que es justo.

Blas Pascal, *Pensamientos*

1

Me llamo Manuèl Blanco Romasanta y cuando me decido a escribir estas memorias estoy próximo a cumplir los cuarenta y tres años de mi edad. Nací en Regueiro, en 1810. Mis paisanos todavía me conocen como O Tendeiro, pero pasaré a la historia como el Hombre Lobo. De eso estoy seguro. Sin embargo, las más de las gentes vulgares, las más simples y acaso más acertadas, han de seguir llamándome O Home do Unto, también O Saca Manteigas.

Regueiro está cerca de Esgos. Es un pequeño lugar, ni siquiera una pequeña aldea, situado un poco más abajo de la iglesia de Santa Baia, desde la que siempre se gobernó a la gente de las parroquias de Soutelo y A Lama; también a la de Regueiro. Mi casa, la casa en la que vine al mundo, está justamente al pie del camino que baja de la iglesia parroquial, en la entrada del pequeño grupo de casas que componen el lugar.

Para acercarse hasta Esgos, yendo desde Regueiro, se debe abandonar el pueblo pasando justo por delante de mi casa para tomar el camino que lleva a A Lama y continuar subiendo, después de atravesar la aldea, como si uno se dirigiese al alto Do Couso; pero antes de llegar a él se debe girar a la izquierda y bajar, ya por el camino real, hasta Esgos, que está muy próximo; incluso se diría que demasiado.

Desde delante de mi casa, oteando por encima de su tejado, se ve la cumbre del monte Castelo, un poco más aguda que las de los otros montes cercanos. Los conozco bien todos ellos por haberlos recorrido a menudo, siguiendo el camino contrario al que desde siempre trajeron los Maragatos, cuando llegan de su tierra, al menos desde que yo lo recuerdo, portando mercancías en carromatos, o simplemente a lomos de reatas de mulas, pues yendo en sentido contrario al que ellos traen desde el Alto Do Couso se sigue a A Rúa, de allí se va al Barco de Valdeorras y, después, siguiendo el curso del río Sil y pasando por cerca de As Médulas, se entra en O Bierzo, se pasa por Ponferrada y a través de Foncebadón se acerca uno al Val de San Lorenzo y ya a la Maragatería. Siempre envidié y contemplé con admiración extrema a los maragatos y quizás a causa de ésa y de otras razones que se irán viendo ejercí, por ésos y aun por otros más extraños parajes, la que quise mi primera y única profesión de vendedor ambulante, la que habría de darme el dinero necesario para mayores y más arduas empresas, aquellas que acabarían por convertirme en el hombre rico que siempre quise ser. Aún no renuncio a ello.

Fui un niño guapo, de dulces ojos color miel, diestro con las manos hasta tal punto que cualquier trabajo que realizase con ellas siempre habría de producir admiración. Lo supe desde un principio y me deleité en ellos, en los hábiles trabajos manuales que realizaba, procurando llamar la atención de la gente hacia todas las labores en las que emplease mis ocios de niño. Lo hice no tanto por las labores en sí, puesto que su ejercicio apenas me proporcionaba placer alguno, sino por el hecho de saber las miradas de las gentes posadas sobre mí; que eso sí que me lo causaba, sí que me producía una satisfacción indescriptible, aún me la causa, y ése era el mejor modo que tenía de reclamar esas miradas, concitándolas a la admiración y a la alabanza.

Oír a la gente hablar de mí, imaginar tan sólo que está o que estuvo haciéndolo, que lo hará en algún momento, también me deparaba y aún me depara una sensación placentera. Las niñas deben de saber definir mejor que yo esa sensación a la que me refiero, pues tengo por seguro que la sienten cuando se saben observadas por los niños, que las contemplan ensimismados, mudos y distantes, aparentemente ajenos, mientras ellas saltan, gozosas y felices, exultantes, pegando brincos con los que seguir reclamando la atención de

17

los pequeños hombrecitos, rítmica y armoniosamente, hasta que los saben hablando de ellas, dibujando en sus mentes las curvas de sus cuerpos jóvenes, deseándolas, siquiera sea de modo adolescente y lleno de inconsciencia.

Provocar que la gente hable de mí, conseguirlo y tener certeza de ello, saber sus miradas clavadas en mi cuerpo, significó siempre una fuente inagotable de ese placer al que me refiero. Mis manos fueron las primeras en proporcionármelo.

No son muchas las labores propias de un niño que uno puede realizar con sus manos para reclamar con ellas la atención de sus semejantes, menos si vive en una aldea, más bien en un pequeño lugar como aquel en el que yo nací, en la provincia de Ourense, y todavía menos si esas labores son las propias de su sexo y en ellas se aplican todos los demás niños de esa aldea. Cortar la larga rama de un avellano para hacer con ella una aguijada con la que conducir el ganado, grabándola con infinidad de dibujos, geométricos los más de ellos, realizados con mayor o menor fortuna sobre su corteza marrón y brillante, es algo que puede llevar a cabo cualquier niño sin que con ello se sorprenda nadie. Ése era mi caso. Desde el principio mis dibujos eran de una perfección inusitada, pero no concitaban en exceso la atención, al menos en la medida en la que yo lo pretendía. Eran como los que hacían los demás, mucho mejor hechos, pero los mismos al fin y al cabo: aguijadas hechas con ramas de avellanos en las que se dibujaban con una navaja figuras geométricas o de animales, que yo le añadía a mayores y que eran semejantes a las que veía grabadas en las piedras de los montes vecinos, no resultaban nada excepcionales por muy bien hechos que estuviesen los dibujos y muy hermosos que fuesen los ciervos, sus altas cornamentas o sus miembros desmedidos.

Construir jaulas para los pájaros que han de ayudarnos a cazar otros, utilizándolos como reclamo, también es algo habitual para las manos de un niño. Y construir otras, aún más hermosas y perfectas, para los así cazados, tampoco es algo que no realicen los niños con habilidad que pueda ser considerada insuficiente, excepto casos. Yo también las construía, pero por idéntica razón a la anterior pronto me aburrí de ellas y sólo me presté a su construcción cuando fueron el párroco o el médico quienes me lo solicitaron. Entonces eran las más hermosas. Pero yo no quería hacer lo que todos, aun haciéndolo mejor que ellos. Por eso preferí aplicarme en otras labores y me obligué a aprender a leer con facilidad y soltura, primero; en pedirle después al cura los libros que él leía hasta llegar a convertirme en alguien mucho más culto que el resto de mis vecinos; en aprender otro tipo de labores, más tarde. Yo era distinto, ya entonces, también por eso.

No sé por qué lo hice o por qué lo quise así, quizá porque intuí que el hecho de leer en castellano habría de ayudarme no poco en mi afán de abandonar el pueblo y salir al mundo. Quería salir al mundo. Quería ver el mundo. Para ello necesitaba hablar como la gente maragata que venía desde más allá de las montañas. Por eso aprendí a leer. Creo. Lo hice sabiendo que no pocos habrían de reprochármelo y que mi decisión comportaría una crítica negativa, sempiternamente posada sobre mis espaldas, algo que tanto me sirvió de acicate pues estimulaba, por insospechadas vías, el agridulce sabor de la venganza al que siempre me sentí llamado y la certeza de saber a los otros murmurando de mí para saberme así superior a ellos. Además siempre deseé vengarme, aunque nunca supiese de qué. Vengarme siempre me pareció algo a lo que tenía derecho. Ésa también era una forma de lograrlo.

Aprendí a leer, pero eso no colmó mis ansias, sino que las predispuso a distintas y más escandalosas aventuras. Superada esa prueba me decidí a otras. Sabía que mis manos constituían una de mis mejores armas, al menos a tal respecto, al de reclamar la atención ajena, y acaso por esa razón me convertí en un sastre experto, que es profesión que en nuestra tierra se considera un si es no es propia de mujeres, apenas de hombres; luego, en un cocinero admirado e incluso en un taxidermista excepcional, pues nadie tan dotado como yo para conservar los animales después de haberles causado el justo daño que los conducirá a la muerte a través de un dolor que nunca hubiesen sospechado posible. Verlos expirar, sumidos en un indescriptible pasmo, siempre supuso para mí un misterio, y me sometí a su observación cada vez que me fue posible. Algunos llegué a diseccionarlos en vivo, todo con tal de ver aquella indescriptible expresión asentada en el cada vez más opaco brillo de sus ojos, o en la boca entreabierta para advertir nunca supe si placer o amenaza, dolor o un indescriptible asombro ante el anuncio de la noche.

Fue un aprendizaje lento. Empecé pinchando los ojos de los jilgueros, para decidir por mí mismo si es cierto que así su canto es más hermoso. Lo dudo, pero reconozco que es más triste. También que observarlos sabiéndolos presos en sus jaulas, pero seguros, cautivos de la dependencia del alpiste y del bebedero ciertos, induce a dejarlos en libertad para poder verlos volar describiendo, gracias a sus ojos ciegos, erráticas trayectorias semejantes a las de las mariposas, mientras chillan de forma atolondrada y angustiosa, antes de acabar posándose en cualquier lugar insospechado para esperar en él, encogidos y lastimeros, la hora que saben inminente, pues ya han adquirido la certeza que la anuncia.

Solía cazarlos con liga, después de haberlos atraído con un reclamo de su especie que, encerrado en una de aquellas jaulas que fabriqué a edad temprana, los atraía con su canto hasta obligarlos a posarse en las ramas próximas. En ellas habrían de quedar prendidos. Entonces los apresaba en mis manos y con un alfiler al rojo vivo les quemaba sus ojillos asustados. Su canto sería así más dulce, me decía. Más tarde lo sabría triste. Luego asustado. Sucedía cuando los soltaba y al verlos volar, describiendo las trayectorias que harían enloquecer a las propias mariposas, me sumía en una perplejidad indescriptible. Alguna vez, al sentirlos palpitando en mi mano, entonces tan poderosa como hábil, empecé a cerrarla lentamente hasta conseguir ahogarlos, apretujados en su cuenco por mis dedos, atónitos a la fuerza.

Ya dije que, al contrario de la mayoría de mis paisanos, que no aprenderán nunca o lo harán mal de por vida, aprendí pronto a leer y a escribir, siempre en correcto castellano. Ayudó a ello la estrecha relación que mantuve siempre con los miembros de la Iglesia, monaguillo que fui a temprana edad y sacristán que llegué a ser en la parroquial de Santa Baia, antes de decidirme a recorrer los caminos y seguir así los dictados de este mi corazón que tantos suponen, o quieren suponer, atribulado. También aprendí a coser y a hacerlo como nadie para confeccionar ropas talares, casullas bordadas con esmero, albas con puntillas increíbles, manteles para los altares, amitos, estolas, incluso sotanas que cosí con parsimonia y calma, también con primor y perfección extrema, pues soy un artista con mis manos.

Y siempre me gustó caminar, más por donde nadie lo hiciese, descubriendo caminos, aventurando rumbos. Siendo niño salía en ocasiones de Regueiro y, evitando Esgos, me acercaba hasta San Pedro de Rocas, al cenobio abandonado, en donde las sepulturas insculpidas en las lajas graníticas acogieron en tantas ocasiones mi cuerpo aún tierno ocupando el lugar que otros habían ocupado antes de que el tiempo, o quién sabe qué avatares de la historia, los hubiese desalojado reduciéndolos a polvo para sumirlos por completo en el olvido. Debo reconocer que, en tales ocasiones, influyeron no poco en mí las lecturas románticas que me proporcionaba el cura párroco, muy dado a ellas, como a tantas otras cosas.

Fui, pues, un niño precoz y temerario, hábil con las manos, de conversación fácil, amigo de recorrer caminos y siempre ansioso de reclamar la atención de mis iguales. También fui un niño que, antes de llegar a adolescente, quise siempre mejorar la suerte que me había deparado mi condición humilde. Para mi desgracia fui el séptimo de nueve hermanos varones.

El cura algo debió reparar en mi conducta, quizá mi extraño amor hacia los animales, quién sabe si alguna de mis disposiciones que pudieran ser consideradas un tanto extravagantes, que el caso fue que no me convocó a ella, ni siquiera me insinuó nunca la posibilidad de emprender el camino del sacerdocio, que tanto me hubiese ilusionado. Sabía leer, entendía los latines que él mismo se había encargado de enseñarme, y momentos hubo en los que estuve convencido de que me habría de proponer que profesase en religión. No sucedió así y, cuando me convencí de que ya no lo haría nunca, supe que tendría que buscarme la vida de otro modo. Entonces decidí hacerlo como negociante, cuando antes me hubiese querido misionero, pero ¿con qué negociar saliendo de donde yo salía, de aquel lugar abandonado, y sin un duro?

Al principio lo hice desplazándome hasta Chaves, ya en Portugal, para hacerme allí con lazos y encajes, con velos y puntillas, que adquiría en casa de don Francisco Morais y también en la del señor Diégues, que vive en la Rua Dereita y que quien, aun sin darse cuenta de lo que hacía, me puso en contacto con los boticarios y otros compradores de sebo humano. En esas dos casas compraba los adornos que después vendía por las aldeas, entrando en las casas tras las mujeres, a las que no se puede decir que sedujese con mis encantos, que también, pero a las que sin duda atraía con el aspecto tranquilo que siempre procuré, también con la labia, con la facilidad de palabra que me reconozco desde niño.

Conseguida su atención, les vendía mis compras portuguesas, para ganar algo con ellas, sacándoles tan sólo un pequeño beneficio, pero procurando ganar también su confianza al empezar por no imponerles precios abusivos para la satisfacción de sus caprichos, como si el hecho de saberme acogido en sus casas me deparase una seguridad, un calor que estuviese buscando desde siempre. No sé si era exactamente así, aunque sea así como lo recuerdo. También recuerdo que me daba resultado.

Pronto me vi llevando y trayendo recados, que en muchas oportunidades eran escritos por mí mismo, lo que me permitió saber la vida y milagros de no pocas de las gentes que habitaban a lo largo y aun a lo ancho de los lugares por los que tenía establecidos mis recorridos de pequeño comerciante especializado en frusle-rías de las que tanto gustan las mujeres. No fallaba nunca en las encomiendas que me hacían. El que hoy es administrador de correos en Santiago recurrió a mí siempre que necesitó hacer envíos de dinero a Portugal, y jamás le faltó una peseta o se le quedó a medio camino cualquiera de sus encargos. Yo sabía lo que hacía. Hoy testifica a mi favor y se sorprende sinceramente al ver la situación en la que me encuentro. Y como él, otros.

En no pocas ocasiones, llevado de mi destreza, reproduje incluso las labores que compraba, mejorando el dibujo y aumentando la complejidad de los encajes, con lo que conseguí despertar no sólo la admiración hacia mí y hacia mis trabajos, sino también la avaricia de las mujeres hacia el resultado de mis esfuerzos laborales. Mis ventas aumentaron y mis labores empezaron a ser muy cotizadas, pero por eso mismo nunca me prodigué en ellas. Eran otros y mayores los placeres que mi ocupación me deparaba.

Así aprendí a leer en sus ojos, en los de las mujeres, cuando se nos muestran llenos de codicia y afán de posesión, para que se nos antojen anegados de deseo; en sus risas, falsamente cantarinas, cuando en realidad son sibilantes y como de culebras; en sus ademanes que, pareciéndonos afectados, son un código de señales que convierten en invisibles los indicios que, a nuestros ojos, se muestran de modo contrario al que debiera ser el evidente, antojándosenos tan contrarios a ellos que los malinterpretamos, llevados de la lujuria a la que siempre nos vemos abocados y que también siempre nos invade y desprotege, lo que sucede cada vez que los consideramos insinuantes cuando únicamente son pérfidos. Por eso también aprendí a imitar esos ademanes. Los solía remedar con discreción no extremada, algo que las hacía reír y confiarse a mí, aún en mayor medida que hasta entonces. Y mientras ellas se regodeaban en lo afectado de mis imitaciones, yo me dejaba llevar del extraño placer sobre el que ahora en ocasiones reflexiono. Y cuanto más las imitaba, más me abrían ellas sus puertas y sus almas. Mal sabían cuánto las deseaba e ignoraban lo mucho que podía llegar a odiarlas.

Gracias al comercio de mis prendas y al trato frecuente con tantas mujeres que me proporcionaba, supe pronto que, si me comportaba de modo semejante al de ellas, acabarían por sentir la necesidad de protegerme, de abandonarse a mí y a mis consejos, de prestarme la consideración y el trato que tanto les gustaría poder prestar a sus iguales, pero que el temor a la indefensión les veta en grado extremo, pues saben que el afecto, o incluso el excesivo trato con otras hembras, suele abrirles a éstas el camino hacia el propio macho y entonces se cierran a él, con tal de conservar la fuerza que aquél les depara y ellas siempre, de un modo u otro, necesitan; que también en esto, como en tantas otras cosas, son distintos los humanos de las demás especies animales ya que, si bien entiendo, mientras que si en éstas son ellos los que se pavonean y lucen sus mejores galas, son ellas, en la nuestra, quienes se acicalan y adornan, ellas las que se lucen y contonean para reclamar la atención que nosotros les prestamos, en ocasiones de forma tan ingenua, mostrándonos débiles e indefensos ante ellas para lucir después la fuerza sólo delante de otros machos, de forma que las hembras la perciban sólo a través de sus miradas.

Aprendí a mostrarme ambiguo y dócil, amanerado y en ocasiones tierno, perverso en otras, siempre de respuesta fácil y rayana en lo indiscreto, siempre ágil de ademanes, hasta que socavadas las hasta entonces inexpugnables defensas se me mostrasen las mujeres dispuestas al entendimiento y la complicidad, al cotilleo y la confidencia, cuando no al acceso carnal contra el que tantas veces me había advertido el reverendo. Así fue como poseí a tantas, pese a que las odiase a casi todas y a que de algunas llegase casi a enamorarme, o a depender de ellas, abriendo así la puerta a la debilidad y a la indefensión propias, algo de lo que sólo te sabes liberado con sus muertes. Pero en cualquier caso las expolié siempre a todas, quizá para resarcirme de alguna extraña deuda en la que en este momento no reparo.

Sucedió a partir del momento en el que caí en la cuenta de que llevado del placer que me deparaba su continuo trato, un placer al que cada vez me abandonaba con mayor frecuencia, salían mermadas mis ganancias y reducidas mis posibilidades de alcanzar mayores metas en la vida, aquellas que desde niño me fijara, pues era mi trato siempre con mujeres aldeanas, apenas dueñas de sus propias existencias, excepto en el caso cierto de las viudas, en el probable de las separadas y en el no siempre seguro de las hijas únicas, a las que, a partir de mi descubrimiento, presté siempre mis mejores atenciones.

Poco a poco fui tejiendo una red de ventas en la que estaban incluidos los albergues en los que pasar las noches, acogido a la hospitalidad de las viudas o de las abandonadas. Durante los meses que los hombres se trasladaban a Castilla para emplearse en las labores de la siega, recorría yo los hogares de los que ellos se habían ausentado, ocupando sus lugares en no pocas ocasiones, para aprovechar su ausencia y sacar de ella la mejor tajada, o la más sabrosa. Pero en otras oportunidades los seguía a ellos, durante todo su periplo, para traficar con recados y dineros, con noticias y también con mercancías, abriendo otras rutas comerciales. La verdad es que me molestaba verlos, trabajadores incansables, andando dos semanas hacia allí, doce días para aquí, pues parece ser que el peso del dinero aligera más el paso. Me molestaba verlos, en cuadrillas de siete o nueve, a veces de más, gobernados por un mayoral y por uno o más trasmayorales, ya que en ocasiones las cuadrillas podían llegar a ser de cien gallegos, portando una manta y armados con sus aperos, dos o tres hoces, cada uno, las piedras de afilar y sus dedales de segadores, andando durante días y días hasta encontrar trabajo. Me molestaba verlos y me gustaba saberme distinto de ellos, libre de su yugo.

Las hoces de los segadores castellanos son distintas de las nuestras, más grandes, y diferentes entre sí las que se usan en Castilla la Nueva de las que se utilizan en Castilla la Vieja. Las de aquí las hacen herreros que saben de eso, y los segadores se pavonean y diferencian entre ellos por necesitar menos hoces unos que otros. Los buenos, buenos sólo llevan dos; los menos buenos necesitan tres; los que empiezan, necesitan cuatro. Es mejor segador aquel que menos hoces necesita. Nuestros segadores, una vez en tierras castellanas, se valen del mismo tipo de hoz para segar los diferentes cultivos, pero hay algunos que las necesitan distintas, según sean éstos. Suelen afilarlas en Segovia, pues allí hay establecidos afiladores de Nogueira de Ramuín; los de la casa de Arias, por ejemplo. Los dedales son unas piezas que se colocan en los dedos para protegerlos del filo de las hoces. A veces son de cuero, a veces de madera, pero también pueden ser de las dos cosas, alternándose según los dedos.

Ver a los segadores doblados sobre las espigas me irritaba, verlos durmiendo de dos en dos, aprovechando la manta de uno de ellos para tenderla sobre el suelo y la del otro para cubrir sus cuerpos expuestos al frío de la noche, me deprimía. A veces, durante la noche, también segaban o se desplazaban de unas fincas a otras para aprovechar el tiempo. Eran como esclavos. Son esclavos, así trabajan. Se matan a trabajar y no salen de esclavos. El verlos me hacía reconocer mi camino como más idóneo, pues el mío no es trabajo de tanto agobio y sí de mayor ganancia. Delante de todos va el mayoral, detrás el o los trasmayorales, luego tres, cuatro o cinco hombres y, detrás de éstos, uno por cada dos hombres, va un rapaciño atando, atando, y atando, y atando incansable, aunque exhausto, las gavillas. A alguno pensé en rebanarle el cuello, valiéndome de su propia hoz, pero siempre me ahuyentó su número y el hecho de que anduviesen juntos sin discutir nunca entre ellos y apenas con los castellanos. Esclavos. En Castilla la Vieja aún les daban algo de comer, una sopa, acompañada de un huevo en el mejor de los casos, torreznos, pan y vino según amanecía y para empezar a trabajar; luego tocino con garbanzos y carne fresca al mediodía y un guiso o arroz para por la noche. Eso en Castilla la Vieja. En Castilla la Nueva, un gazpacho de agua con vinagre a primera hora, olla de garbanzos a mediodía y poco más para la cena. Y los niños haciendo de aviadores, desplazándose a buscar los avíos, sin poder por ello dejar de engavillar lo que continuaba siendo segado mientras ellos se ausentaban.

Comían como perros, todos de la misma olla, el mayoral antes que nadie, luego los demás, y pobre de aquel que se adelantase al jefe y metiese primero la cuchara. Ése se quedaba sin vino. Ni domingos, ni días libres, siempre trabajando. Cuando alguno se cortaba con una hoz, cuando una de las piernas sangraba en abundancia por culpa de alguna tajadura, entonces la taponaban con tierra que alzaban desde el mismo surco, inhibían la hemorragia y seguían trabajando.

Oía los comentarios de los castellanos y me juraba que nunca, nunca me habrían de confundir con mis paisanos.

—Los gallegos vinieron al mundo para descanso de los animales —decían, y yo miraba hacia otro lado.

—Siegas más que un gallego —afirmaban, y yo me avergonzaba.

—Ni una cuadrilla de gallegos habría segado eso —comentaban, y yo sabía que me había escapado de una esclavitud como la suya.

¿Cómo no habría de hacerlo? Por eso cada vez me importaba menos cobrar más por mis servicios, o ampliar éstos a cualesquiera actividades que fuesen, con tal de huir de la vida que me correspondería de no haber aprendido todo lo que sé: desde diseccionar pájaros para disecarlos, hasta rebanar grasas humanas a fin de que los portugueses hagan con ellas esos jabones por los que las mujeres entradas ya en años pagan cantidades que nadie les va a echar nunca en cara; o para que los boticarios preparen pócimas y ungüentos, pomadas y mixturas para consolar pesares que otros solucionan con ritos y liturgias que a tantos se les antojan profanas y sacrílegas.

A pesar de ello, solía entrar en las iglesias y rezar, a la vista de las mujeres de la aldea, mostrándome siempre sumiso y servicial, agradable y educado, a lo que ayudaba no poco la agradable presencia de la que me supe dueño desde niño. Los médicos que me han observado (¿deberé relatar todos sus nombres?) me describen de cinco pies menos pulgada de talla, moreno de tez clara, ojos castaño claro, pelo y barba negros, medio calva la parte superior de la cabeza, y dicen que mi fisionomía no es nada repugnante, que mi mirada es ya dulce, ya tímida, ya feroz y altiva y forzadamente serena.

Me han observado bien, más el que llaman don Vicente, don Vicente María Feijoo-Montenegro y Arias, del que dicen que también es escritor. No olvidaré nunca su nombre. Fue él quien añadió lo que resta. Dijo que pulso sesenta y dos latidos por minuto y que mi temperamento es bilioso y nervioso, sin exageraciones ni predominio notable de aparatos y que aun el de tejidos es tan suave que a duras penas se reconoce; él sabrá qué quiso decir con ello, pues añadió que coincide con formas regularmente desarrolladas y una salud floreciente y nunca desmentida.

Nada se advierte en mi aspecto que difiera del común de los hombres, asevera don Vicente, y según él afirma, en mi discurso se nota consecuencia, precisión, buen juicio y desconfianza; tanto como se advierten penetración, tacto y talento naturales, superiores a mi condición. Mi apostura es humilde, con hipocresía marcada, añade, y coincide así conmigo el buen doctor, ya dije que nunca olvidaré su nombre.

Cada vez que reparo en lo que añadió, como consecuencia de haberme sometido a examen, no consigo dejar de sonreírme pues escribió que mis facultades afectivas y cognoscitivas no se resienten de vicios innatos, ni se ostentan melladas por los adquiridos; que refiero mi vida desde mi infancia sin perder un acto insignificante, ni desquiciarlo, y que la repito varias veces sin contradecirme nunca; que no encontró en mí desvarío alguno que indique épocas azarosas de mi salud, ni un desquicio que permita suponer trastorno mental permanente ni pasajero, reciente ni remoto, y que el todo, que la totalidad de mi sujeto, es decir, yo, prevengo a las gentes más bien en mi favor, lo que es cierto. ¿Cómo no iba a serlo, si tanto lo intento desde siempre?

Por eso no olvidaré nunca el nombre de tan intuitivo doctor como éste se luce, por eso y porque su examen tiende a confundir mi estrategia y desautorizarla. ¿Cómo no va a hacerlo si de todo ello colige don Vicente que hay alguna ocasión en la que suelo revelar disparos siniestros de mi personalidad y que entonces permito ver con nitidez algo de lo que hay en mi interior? Intuyo que lo que querrá decir con ello es que cuando sé que mis palabras han de ser conocidas, en ese caso, únicamente en ese caso, me aferro a una extraña exculpación que desconcierta a todos porque la relación de ciertos actos y la de su existencia están en absoluta oposición; es decir, que lo que se contradice, según el doctor, es el hecho de que cometa unos actos y luego me exculpe de ellos como lo hago. Es cierto. Yo lo sé, de modo que lo oculto, y tiendo a despistar a todos. Por eso procuro hacerme el loco que no soy, es decir, el Hombre Lobo. Es demasiada capacidad de penetración la de este sujeto, me parece. Pero, por si todavía no está claro, ya se verá más nítidamente lo que quiere decir con todo ello.

Dice también el muy canalla e hijo de puta que hay que considerar, ante todo, que en el hombre hay dos fundamentos de facultades: el cerebro, para las del entendimiento; y las vísceras, para las de los arranques o ímpetus; y que de la concurrencia de ambos orígenes o fundamentos resulta un tercer grado, potente y temible, ya que, añade el muy cabrón, hay que considerar que, por exageradas que puedan verse estas facultades, por distintas y en ocasiones imprevisibles causas, se producen efectos diversos y proporcionados a su origen y que es entonces, en este tercer grado o concurso de ambas facultades o entendimientos, cuando esos fundamentos dispuestos de tal guisa tornan al hombre en idiota o en loco absoluto. La de la monomanía pertenece a la primera clase, la satiriasis a la segunda, y la licantropía con sus actos, es decir, la que yo pretendo y él me niega, a esta tercera que él así deduce, aplica y determina.

Para demostrarlo examinó mi estado visceral y me sometió después a las luces de la craneoscopia. Dijo, entonces, que el óvalo de capacidad que se extiende desde la frente al occipucio, marchando por las sienes, es de veintidós pulgadas; que el de la cara es de veintitrés y nueve líneas; que las apófisis mastoides distan un arco de nueve pulgadas; que del arco dentario al alto de la frente se miden seis pulgadas; dijo además que el ángulo facial abre ochenta y dos grados, por efecto del abultamiento de los senos frontales, que son bastante pronunciados y que por tal razón pueden adquirir un desarrollo excesivo, pero sin que a ello concurra la masa encefálica e induzca a error, como ya han indicado los frenólogos. Añadió que se advierte un resalto muy considerable en la porción escamosa del temporal.

Se las sabe todas, y lo contempla y lo estudia todo a la luz de todas las teorías, el buen doctor, según me avisó ya Manuel Rúa Figueroa, mi abogado, al señalarme que no creyendo en ellas me aplicó el galeno, sin embargo, todas las técnicas propias de Lombroso aunque sólo fuese para refutarlas y amparar así su tesis, que es mi verdad, pero encaminada en muy distinto intento. Por eso hizo constancia de que si por los resaltos de mi cráneo hubiesen de decidirse las pasiones que lo habitan se hallarían los siguientes predominios: sagacidad comparativa, educabilidad, penetración metafísica, habilidad mecánica y adquisividad o tendencia a adquirir o poseer; lo que es cierto, pues nada he deseado más todo a lo largo de mi vida que sentirme dueño de todo lo que me rodease en cada instante de ella. Es intuitivo el escritor. Añade que son, estas mías, inclinaciones que en nada se rozan con las que nos ocupan, porque aunque buena en sí misma y conveniente a todos los fines, en la sociedad en la que vivimos, esta mi tendencia, sin embargo puede, una vez exagerados sus límites por un alma destemplada como sin duda es la mía, conducir hasta el robo y exigir éste el asesinato como medio o como precaución. Ya advertí que era agudo el buen doctor. Y aun algo taimado, advierto ahora.

Un poeta resulta ser, además, el buen facultativo, cuando argumenta que nace, el ser humano, desnudo y débil, exigiendo amparo y asociación, pues no posee ni la garra del tigre, ni el cuerno del toro, ni el diente del lobo, ni siquiera la coraza de la tortuga, ni arma alguna, ni defensa, y que es pues, sin réplica, que el puñal no es natural en el hombre, sino que sus facultades lo fabricaron y lo afiló su albedrío; de lo que deduce que, aun en el mejor de los casos, yo resulto ser lobo cuando me conviene serlo y siento la ocasión propicia, al abrigo de sospechas y a cubierto de la responsabilidad legal; es decir, cuando no hay estorbo y me considero más fuerte que la víctima y cuando el hecho ha de reportarme utilidad física o moral; es decir, cuando los fundamentos de mis facultades concurren en su tercer grado y fabrican este otro yo, hecho a la medida, que mis deseos y mi albedrío determinan, para ampararme en él, si bien lo entiendo.

No he de olvidar su nombre. No he de hacerlo porque es cierto lo que mi conducta manifiesta claramente. El galeno lo afirma y yo lo reconozco, si bien sea así, de modo que no pueda hacerme daño, con lo que vengo a incrementar las certezas todas a las que de algún modo aludo. El lobo que yo soy o digo ser sabe que hace mal, que viola las leyes y el derecho individual; que es preciso ocultarse cuando se es lobo y presentarse cuando se es hombre. Sólo así tiene explicación el hecho de que al lobo no le sucediese nunca, es decir, sin que a mí se me ocurriese nunca, a mí, al Hombre Lobo, convertirse en tal durante mi permanencia en los pueblos, ni aun en despoblado, cuando lo atravesaba solo, y que conozco, en una palabra, que yo, el Hombre Lobo, obro siempre contra razón, pues no la perdí nunca, aunque sí haya perdido la bondad, amante que soy del interés hasta la codicia según este hijo de Hipócrates afirma. Es cierto. También lo es que tal condición nunca me aflige.

Someterme a todas las medidas a las que me sometió el galeno para realizar la craneoscopia, plegarme al prolijo y constante número de observaciones que las determinaron, constituyó un buen ejemplo del dominio que ejerzo sobre mi voluntad, que me impelía a estrangularlo, allí mismo, con mis propias manos, aun valiéndose el doctor de la ayuda de los guardias, pues tanta sé mi fuerza y tan excitada estaba mi indignación en oportunidad tamaña. Sin embargo me contuve y continué simulándome servicial, cuando no pacato y corto de entendederas y juicio, un pobre hombre de aldea, víctima de un entorno dominado por la ignorancia y la superstición que se creyó las historias que se cuentan acerca de los lobos para obrar en consecuencia, llevado de una fantasía dominadora e irrefrenable. Mañana proseguiré con el relato de esta que se anuncia como mi más deletérea e irrefrenable fantasía.

2

Está agitado el mar. Nunca hasta hoy había podido verlo así. Ni así ni de ninguna otra manera, hasta hace unos pocos días; los que se cumplen desde mi llegada a esta celda desde la que absorto me entrego a su contemplación más demorada. Sin embargo reconozco las gaviotas. Las vi cientos de veces, durante los días del invierno frío, sobrevolando la Lagoa de Antela, en el interior de mi tierra ourensana, la única que no tiene mar en el reino de Galicia. Sobrevolaban las gaviotas la laguna inmensa y poco profunda, morada de ranas y de seres, costumbres y construcciones de la mente aún más fantásticas que las del propio lobo en que me aplico y que sin embargo pocos osan cuestionar. Así es el ser humano. Yo lo sé, lo he contemplado como si fueran gaviotas, yendo y viniendo en sus majestuosos o más rastreros vuelos, en los más sublimes y en los menos elevados. Yo, el humilde sacristán amadamado. Cree el hombre en ciudades sumergidas, asegura ver los campanarios de sus iglesias, asomando en la superficie del agua, mientras dejan escuchar campanadas que inducen a la melancolía. Cree en duendes benévolos o malignos que envenenan o desintoxican prodigiosas setas, inductoras de sueños increíbles, de tan ciertos. Lo hacen según la luna se lo sugiera o indique, o incluso según sus propias ansias le señalen. Cree en brujas succionadoras de espíritus gentiles; en culebras y lagartos peregrinos que no son otra cosa que reencarnaciones de viejos pecadores, purgando sus culpas, yendo camino de Allariz, dispuestos a asistir al aquelarre que se celebra, todos los años, durante la noche del solsticio de verano. Cree en largas, en interminables procesiones de almas del purgatorio que pululan por la noche entre las nieblas del invierno o del verano. Cree el ser humano en hombres lobo y se reconoce a sí mismo en ellos; ¿por qué no ha de hacerlo también este maldito galeno que me niega a mí la condición en la que busco amparo?

Reconozco las gaviotas. Lo hago desde aquí, desde esta celda del castillo de San Antón, en la que sufro encierro. La misma en la que me dijo el guardián que habían reducido a Malaespina. Reconozco las gaviotas. Son las mismas que sobrevolaban la laguna y que acaso oteasen lobos en las estribaciones de la Serra de San Mamede, de la que yo soy hijo natural como uno más de todos los seres que la pueblan. ¡Ah, las gaviotas carroñeras! ¿Les disputé yo, les disputó alguien, a ellas, los sapos o las culebras, los restos inmundos de las carnes putrefactas, arrancados gracias a sus picos, curvos como garfios, de los cuerpos exánimes de animales muertos por el frío o por hambre del invierno?; ¿les disputó alguien los restos que ellas se llevaban en el pico, elevándolos hasta las alturas más diáfanas? ¿Por qué entonces a mí, que conduje a tantas almas a habitar sus sueños?

Cuando bajaba a Portugal, saliendo de Regueiro, solía hacerlo descendiendo por el Alto do Couso hasta Maceda y dirigiéndome desde allí a Vilar de Barrio, luego de sortear las estribaciones del San Mamed, para seguir andando, por la llanura que bordea la Lagoa de Antela. Lo hacía bajo el alto vuelo de las inalcanzables gaviotas. A veces las divisaba, posadas en el agua, ajenas al viento y a la helada que bajaban de los montes, justo encima de por donde se asegura que emergen las torres con campanas, los tejados de las casas, nunca los lamentos de los seres que se debiera suponer que las habitan. Veía a las gaviotas tan cercanas como ahora las veo, posadas sobre el mar, sobre el escarpado oleaje, ajenas a mí y a mis pesares.

Desde ella, desde la Lagoa de Antela, solía encaminarme a Verín, y de Verín a Chaves, ya en tierras portuguesas. Antes de llegar al borde del agua protectora de ciudades sumergidas, pasaba por Rebordechao, donde solía detenerme en casa de Manuela García, entonces viuda y adorable, tan hermosa se me antojaba, tan delicada, tierna y ajena a su condición de campesina. La reconocí como una de las mías, como una de esas personas de extracción humilde que algún dios cruel decide distinguir con el toque de la gracia y la elegancia, dotándola de una inteligencia y una hermosura que la diferencian de su entorno. Y la odié como imagen de mí mismo. Por eso quise poseerla, hacerla mía, apropiarme de los dones que me eran propios y quería incrementar convirtiéndolos en únicos. Los de ella y los de todas sus hermanas. ¿Por qué una familia entera, acaso un solo miembro de ella, nace dotada de formas y costumbres, de tonos de voz y de ademanes llenos de compostura que son ajenos al resto del entorno y se suponen, o son, propios y exclusivos de cunas elevadas? ¿Por qué se cree que el séptimo de nueve hermanos ha de ser lobo, sin remedio? Nací séptimo y varón, hermoso y de inteligencia cultivable. Me supe siempre distinto y no estuve dispuesto, nunca, a compartir la diferencia. Sí a reconocerla y adorarla.

Contemplados ahora, los hechos se me presentan como muy lentos y alejados en el tiempo, cuando en realidad sucedieron de modo precipitado, rápido, incluso diría que urgidos de ignoro qué clase de impaciencia, acaso de la que siempre imprime la envidia a la mayoría de nuestras acciones. De eso sé yo algo, pues siempre padecí, sintiéndolos en mis carnes, los dientes de la de mis convecinos clavados a cuenta de todos aquellos dones con los que Dios o la naturaleza tuvieron a bien agasajarme. Primero los derivados de mis habilidades manuales, luego los de mi predisposición a la lectura, más tarde los de mi encanto personal y, poco a poco, los de mi inteligencia preclara y el lento y progresivo enriquecimiento habido gracias a ella. A pesar de que siempre procuré llevarlo con absoluta discreción, al igual que hice con las relaciones que mantuve todo a lo largo de mis rutas comerciales, siempre sentí esos dientes mordiéndome en algún lugar del alma, siempre clavados en mis más sensibles carnes. Incluso Manuela pareció querer clavármelos.

Los hechos empezaron a precipitarse de tal forma que cuando decidí ausentarme de Galicia, acompañando a mis paisanos en su desplazamiento veraniego, camino de la siega en tierras castellanas, lo hice yendo tras ellos, hasta los más apartados de todos sus confines, en la esperanza de pasar allí más desapercibido, oculto que ya andaba yo, bajo el nombre de Antonio Gómez, desde un episodio anterior, que pronto he de recordar, pues ahora no hace al caso, y algún tiempo después del carnaval de ese mismo año, que fue cuando decidí ausentarme en busca del refugio y de la seguridad que mi tierra ya no prestaba. Para entonces yo ya era consciente de que algo había hecho mal, de que algo de mi conducta, algún pequeño error cometido en mi comportamiento, en la actitud mantenida durante tantos años, había trascendido, despertando suspicacias, y no precisamente para mi bien. Quizás elevé demasiado los pies del suelo. Los solitarios tendemos mucho a ello. Acostumbrados a hablar con nosotros mismos, no osamos quitarnos la razón, sino más bien dárnosla, y ello nos induce a creernos únicos en nuestra especie, ejemplares en nuestras actitudes, infalibles en nuestras decisiones. Así llegamos no tanto a despreciar la opinión ajena como a ignorarla, por entender que no nos afecta; tan inferior la consideramos o incluso tan deshabituados estamos a no tenerla en cuenta.

Mi historia empieza a ser realmente conocida a partir del día dos de julio de mil ochocientos cincuenta y dos, no antes, y nunca olvidaré los nombres de Martín Prado, Marcos Gómez y José Rodríguez, pues fueron ellos quienes se presentaron ante el alcalde de Nombela, cerca de Escalona, en la lejana provincia castellana de Toledo, para denunciarme.

¿A cuento de qué engañarme, para qué seguir dándome la razón si ya sé que no la tengo y de lo que se trata es de mantener esta nueva huida organizada hacia adelante? Por eso debo reconocer, desde un principio, que no me había desplazado hasta tan lejos, siguiendo a las cuadrillas de mis paisanos, que se dirigían a ganar unos sueldos ocupándose en las labores de la siega, únicamente para ganar yo otros, sino para poder seguir ganándolos fuera del alcance de miradas que me reconociesen, pues ya había detectado sospechas, percibido rumores, oído comentarios sobre mi conducta; es decir, que me fui a Castilla escapando de mis vecinos más cercanos. Lo que menos podía imaginar era que aquellos tres fuesen a reconocerme estando en lugares tan alejados de Verín como son los de las tierras toledanas.

En otras ocasiones sí que había viajado sino con ellos, procurando coincidir con las cuadrillas en algunos y determinados lugares, buscándolas en otros, a fin de llevarles y traerles noticias, de enterarme de ausencias y de asuntos que más tarde me facilitasen el conocimiento del terreno por el que moverme con soltura. Pero en esta ocasión procuré evitar a mis paisanos. Al contrario que en aquellas otras oportunidades en las que sí los busqué y en las que, mientras lo conseguía, iba vendiéndoles unas cosas y comprando otras, que luego también les vendía; o llevándoles y trayéndoles cartas, de cuyos contenidos procuraba enterarme; o trasladándoles saludos y novedades varias; al contrario que en todas aquellas oportunidades, en ésta los esquivé todo cuanto pude, tanto que para mí constituyó una verdadera sorpresa el hecho de encontrármelos, a estos tres cabrones, en Nombela. Lo hice en mala hora, Dios los confunda.

Por todo esto que recuerdo es fácil imaginar la causa por la que conozco tan bien las rutas que siguen mis paisanos, las costumbres en las que se aplican mientras las recorren, los códigos que rigen sus conductas, los esfuerzos que llevan a cabo durante el día y las miserias que padecen durante las más de sus noches, pasadas en tierra ajena. Por eso, en aquella ocasión en la que más me hubiera valido romperme una pierna y quedarme en casa, también salí yo de la tierra llevando una piedra en el bolsillo y la arrojé sobre las demás del *milladoiro*[1] en el momento de llegar a la cumbre de la montaña desde la que, apenas una vez iniciado el descenso, me adentraría ya en otras tierras. Y también por eso regresaba con otra y hacía lo mismo cuando ya me sabía de nuevo en casa. Sabiendo como sé sus rutas y sus destinos, nunca pude imaginarme que gente de Verín se desplazase a segar hasta la provincia de Toledo. Hasta tan lejos. A diferencia del resto de los gallegos, ellos, los segadores de Verín y Xinzo, aun los de Allariz, suelen salir antes y quedarse siempre más cerca de sus tierras, haciendo uso del privilegio que les da su mayor vecindad, la mayor proximidad de sus tierras a las castellanas, en las que se cultiva el trigo para cocer con él un pan tan blanco como insípido, que ellos llaman *candeal* y nosotros *gramado*.

1. Un *milladoiro* es un pequeño montículo formado por acumulación de piedras, depositadas a lo largo de siglos, por quienes entraban o salían andando de Galicia. Tiraban allí sus piedras, al traspasar el límite territorial, en prenda o señal de que regresarían; también como símbolo de que se desprendían de los males y las prevenciones del camino y se purificaban de ellos, o como ofrenda hecha a los dioses de la tierra. Pero en esto, como en todo, hay distintas teorías. Lo único cierto es que aún existen *milladoiros* y piedras, pero que ya se van perdiendo las costumbres de andar a cantazos los unos con los otros y construir montículos de tal modo, sustituyéndolas por otras más prosaicas, cuales pueden ser las de abonar tasas aeroportuarias o comprar cacharros inservibles que llevarse de recuerdo de las tiendas de esos mismos aeropuertos. Tiempos.

Deben los segadores ponerse en camino y hacerlo en el momento justo, para llegar a tiempo de las labores de la siega, con el trigo ya dorado y medio abatidas las espigas por el peso de sus granos. Llegan mis paisanos y se ofrecen, ya que no a los dueños de las tierras, sí a sus criados, y acuerdan el salario. Luego trabajan como bestias.

A los primeros en salir puede sucederles que encuentren los trigales en sazón insuficiente y que por ello se vean obligados a adentrarse en Castilla en busca de otros situados más al sur y por ello ya dispuestos a la siega. Sólo así se ven impelidos a andar más de lo pensado, pues lo normal es que los primeros en salir se queden más cerca de Galicia y sean los últimos en hacerlo quienes deban desplazarse hasta más lejos. Los que primero llegan suelen ser los que más cerca están y primero salen. Pero contra toda lógica a veces no sucede así. Depende de los años y las lluvias, del sol y las heladas y de los imprevisibles meteoros que todo lo condicionan y sentencian. Y de que también hay los que se desplazan lejos, llevados tan sólo del afán de ver y contemplar costumbres y horizontes distintos de los propios. Los tres cabrones entre ellos. ¿Cómo no se me ocurrió pensarlo?

Ver a mis paisanos cantando sus canciones, recorriendo los caminos castellanos en busca de un trabajo efímero y mal pagado, sabiéndolos despreciados y sometidos como esclavos, no hacía más que continuar incitándome a la emancipación, al mejor cuanto más rápido alejamiento de realidad semejante, urgiéndome a la más intensa obtención de la riqueza que me permitiese escapar a mi condición y a mi destino. Así caminé con ellos, con mis paisanos desplazados a la siega en las tierras castellanas, durante los primeros meses de varios veranos, pero en éste de 1852 mis pasos me habían llevado más lejos que nunca, sin sospechar que también a ellos los suyos.

En 1852 hubo al menos tres de ellos que llegaron hasta Toledo, hasta donde yo ya lo había hecho huyendo de problemas. ¿Huían ellos de algo? Me reconocieron y fueron a denunciarme. No se lo pensaron dos veces y me acusaron de las muertes de varias mujeres. Lo hicieron cuando yo, a causa de mis temores, ya había decidido ponerme en fuga como medida primera y más prudente. Estaba a salvo, o eso creía. Lo cierto es que había cundido la alarma sobre mis actividades y que de vez en cuando creía detectar miradas aviesas entre los segadores que me ojeaban con la cabeza baja, dirigiéndome la vista por debajo de sus cejas enarcadas, mientras hacían comentarios que yo quería imaginar. Por eso, me había parecido oportuno poner aún más tierra de por medio y me hallaba más allá de Madrid.

Había puesto distancia y nombre de por medio, pues también me había parecido necesario ocultar el mío y acogerme a otro, al de Antonio Gómez, después de habérmelo ganado permaneciendo oculto bajo su amparo, trabajando como criado, durante seis meses, en una aldea próxima a Montederramo. Me sentía acosado. No porque un extraño sentimiento de culpa se hubiese instalado en mí y me remordiese la conciencia, ni mucho menos, sino porque detectaba algo en el ambiente, percibía algo en él que era contrario a mis ansias, opuesto a mi camino, quizás un aire en contra, una leve brisa de murmullos. Fue así, permaneciendo de criado durante medio año, como obtuve un pasaporte bajo ese nombre falso, bajo el nombre de Antonio Gómez, un nadie. Lo conseguí fácilmente, haciéndome pasar por natural de ese lugar, una aldea vecina a la mía de Esgos, lo que me permitía hablar de ella con conocimiento y soltura, referirme a gentes y fincas, a caminos y montes, a fuentes y regueros de montaña con conocimiento cierto y nada dubitativo, incluso simular un año más de edad de la que yo entonces tenía, es decir, cuarenta y tres, ser viudo y sin hijos, lo que me dotaba de cierta respetabilidad, y ocuparme en el oficio de clavador de tachuelas de zapatos, para lo cual me había desplazado por Castillas y de ahí la causa de mi ausencia. El pasaporte me lo había dado el alcalde de Viana do Bolo. En mala hora se me ocurrió mostrárselo al de Nombela, sin acordarme de que en la misma bolsa figuraba una bula de la cruzada expedida a mi propio nombre. Ese tipo de errores son los que destrozan una vida pacientemente elaborada, tenazmente construida al margen de tu procedencia y del destino que entrañaba.

No me resulta difícil imaginarme a mis tres paisanos ocupados en denunciarme delante del alcalde de Nombela. Puedo verlos cuchicheando antes entre ellos, mientras mantienen doblados sus cuerpos sobre el trigo alto, antes de humillarlos sobre el surco seco para alcanzar con sus manos zurdas los pies de las espigas y apresarlos en un haz que han de elevar del suelo en medio de jadeos y bajo un sol, bajo una luz ajena, de tan fuerte, a sus ojos y a los míos. Puedo verlos por la noche, encogidos sobre el suelo al amparo de sus mantas, hablando de los pros y de los contras que su acción de denuncia pueda depararles. Mucho tuvieron que hablar antes de decidirse. Mucho. No somos los gallegos gentes que nos movamos a menudo por impulsos, sino por movimientos lentos y pensados. Únicamente el absurdo nos conmina a la acción impremeditada. Sólo una vez superada la razón o comprobada la imposibilidad de alcanzarla nos decidimos a las acciones irreflexivas, a los hechos temerarios que sólo la ausencia de razón o la urgencia del discernimiento nos imponen, obligándonos a atajar por el camino que consideremos más rápido.

Por eso los imagino hablando, una y otra vez, durante los descansos del trabajo, antes de decidirse a denunciarme en lugar tan alejado. ¿Qué les hubiese sucedido de no haberles hecho ningún caso el bueno del alcalde? Pues que no hubiesen regresado a sus hogares. Yo me habría encargado de ello. Así que no pudo ser la reflexión lo que los indujo a la denuncia, sino la certeza de que era yo el asesino de mujeres. Y la urgencia. El miedo a que desapareciese huyendo sin castigo. ¿Cómo no los vi yo antes a ellos? Dios a veces es injusto. Ojalá hubiesen sido los suyos largos conciliábulos, interminables coloquios alimentados por las dudas, los que acabasen por determinarlos a la denuncia, porque así se mantendrían en ese espacio terrible de la incerteza en el que toda fantasía, toda irrealidad es posible, pues lo visitan monstruos y lo habitan para que sus figuras nos causen todavía más dudas, todavía más indecisiones de las habidas, y nos atormenten a lo largo de los días. Por eso yo nunca dudé. Ni dudo. Me decido a la acción y en ella me instalo de forma mejor cuanto más placentera y perdurable. Y no concedo tregua. Si ellos la hubiesen concedido, no me hubiesen denunciado. El miedo los hubiera detenido. Lo sé desde la primera vez que maté a alguien. Desde la primera vez que vacilé y entonces supe que tendría que volver matar para evadirme del territorio poblado por los monstruos y los remordimientos. Por la culpa. Ellos no se sienten ahora culpables de nada, sino más bien héroes. Por tales pasan. ¡Ah, si tuviese a cualquiera de ellos al alcance de la mano!

Tan pronto como vi a Martín Prado lo reconocí y supe que había sido él a quien yo había vendido un pañuelo de colores, desvaídos y extraños, que había sido de una de Castro de Laza, a la que yo había dado pasaporte al pie de un matorral que lucía sus moras todavía coloradas bajo el sol de julio. Pero no me resultó difícil aparentar que no lo había visto en mi vida. Fue lo único que me fue dado hacer, disimular, cuando ya era imposible que me pusiese en fuga.

Tenía razón Martín Prado. Cuando su esposa, a la que también recuerdo, Valentina Rodríguez se llama o se llamaba, se puso el maldito pañuelo consiguió que alguien lo reconociese. Fue una imprudencia por mi parte venderlo a alguien de tan cerca, pero cómo iba yo a saberlo, estando donde estábamos. Debí venderlo más lejos, a alguien que supiese ajeno, con certeza, a las tierras vecinas de la infausta; pero cuando todo va saliendo demasiado bien no es difícil que uno llegue a confiarse y acabe haciéndolo en exceso. Eso ayudó a perderme. El resto son casualidades y ahora sé que éstas se rigen por pautas lejanas de las propias de la técnica de ensayo-error, error-ensayo, de las que tan a menudo nos valemos los humanos. Continuamente estamos aprendiendo algo.

Siempre me gustó pensar en que se estaba hablando de mí y dediqué no pocas horas de vida a imaginarme los comentarios que se pudiesen estar llevando a cabo sobre mi persona; por eso me resulta fácil imaginar ahora a mis tres paisanos, reconociéndome en mal momento, y considerar sus vacilaciones y sus dudas hasta llegar a la conclusión de que deberían denunciarme. Ahora ya lo han hecho. Pero no son mejores que yo. En el fondo de sus almas sienten envidia hacia mí, sabiéndose incapaces de llevar a cabo las acciones que yo he realizado tantas veces que temblarían de conocer su número. ¿Cómo si no su comentario de que vendía el sebo humano obteniendo a cambio un lucro excesivo? ¿Es que hay establecido un lucro normal para esta clase de comercio? ¿Es que existe un precio mínimo y otro máximo y uno que se atenga a la moral y no el otro? ¿O resulta ahora que lo que más importan no eran las vidas humanas a las que di término y que lo que en realidad les molestaba era que me estuviese haciendo rico? ¡Ah, canallas, un lucro excesivo!

Contaron delante del alcalde que había huido de la Guardia Civil antes de las fiestas del carnaval y no se equivocaron. Pensaba pasarlas en Laza, aprovechando el barullo organizado por los *cigarrons*[2] para poder entrar en las casas y hurgar en ellas; la alegría que despiertan estas fiestas para vender aquí y allá; el tumulto que siempre las envuelve para comprar algo en algún sitio y justificar, aún más si cabe, el mercadeo en el que me ocupo. Pensaba hacerlo antes de pasar de nuevo a Chaves, donde suelo deshacerme de mi mercancía más comprometida, el unto, la grasa de mis víctimas, con la que en el país vecino suelen hacer jabones, pero también pócimas y ungüentos que yo, lo juro, nunca me aplicaría. Tanto acaba por desagradarme su olor, el olor de la grasa humana, a fuerza de ex-

2. Los *cigarrons* de Laza, también las *pantallas* de Xinzo, o los *peliqueiros* de Viana do Bolo, más estos últimos, constituyen las más antiguas expresiones del carnaval, entendido como fiesta pagana y equinoccial, probablemente de remoto origen celta, que se celebran en la Península. Los curiosos del tema deberán preocuparse ellos solos en estudiarlo, pues resultaría oneroso el mero intento de informar aquí acerca de él, siquiera fuese de modo mínimo y conciso.

traerla de un cuerpo aún caliente; de un cuerpo que hasta apenas unos minutos antes me sirvió de consuelo en mis angustias y que acaso mitigó quizá las suyas, pues aún no pude averiguar si el gozo y el dolor están tan separados como afirman, si el canto del jilguero ciego es el más triste, o si va envuelto en una felicidad extraña que sólo se percibe si se escucha desde lejos y ajeno por completo a las circunstancias de las que nace, de las que surge como por ensalmo.

A los ojos de un extraño parecería como si estos tres paisanos hubiesen seguido mis pasos, con tenacidad y cautela sumas, ya que con tanta exactitud supieron reproducirlos, describiéndolos con precisión extraña. Supongo, lo doy por cierto, que detrás de las de ellos estaba resonando la voz de Bárbara, la hermana más pequeña de Manuela, también la más hermosa y brava. La que a mí me hace pensar si hay familias tocadas por la gracia. Fue ella la que recuperó, una por una, todas las prendas de sus hermanas mayores, ella quien reconstruyó mejor mi historia. Nunca supe si me odiaba o si esperaba de mí lo que yo había empezado a darle a Manuela cuando supe que vivía como una viuda inconsolable, pero entonces todavía tan sólo separada, de Pascual Merello Merello N., y me presenté ante ella, dispuesto a consolarla.

Manuela era hermosa, estaba sola y yo quise lo mejor para ella, también para Petronila, su hija. Vivían las dos en Rebordechao, al pie mismo del monte San Mamed, en una aldea que se asienta sobre una ladera empinada que se orienta de modo que el sol pueda calentarla durante las pocas horas de los escasos días que acierta a lucir en invierno, cuando consigue traspasar el espeso manto de las nubes, o en las no muchas ocasiones en las que éstas se alejan o no llegan a situarse encima de las tierras altas que rodean la laguna. Yo pasaba a menudo por allí.

Empecé por quedarme a dormir con Manuela algunas de las noches de un verano en las que mucho me detuve en Rebordechao. Solía llegar con la luz crepuscular, casi al amparo de la noche, y me decidía de inmediato a cortejarla. Así, sin demasiado esfuerzo, obtenía placer y cama gratis, cena abundante, motivos para pensar en las ganancias que aquella relación, entonces apenas iniciada, habría de depararme en un futuro que suponía no lejano.

No me costaba mucho conseguirla, vencer sus más bien escasas resistencias. Ella estaba siempre bien predispuesta al goce. Y me ayudaban no poco la labia y la presencia de las que siempre he disfrutado. Eran aquellos días felices y bien remunerados. Durante ellos me ocupé en ir y en venir, con mucha frecuencia, por el camino de Chaves. Tanto era entonces el sebo humano conseguido, tantos y diáfanos los placeres que a lo largo de esos días se me ofrecieron sin descanso. Parecía como si víctimas y amantes se me vinieran a las manos dispuestas a inmolarse. En ocasiones sucede así, pero nunca supe si se debía a mi actitud, que las convocaba, o a algún aire extraño que bajase de los mon-

tes y las afectase, llevándolas a mi presencia depre-
dadora. Pero así era. Manuela se sintió llamada por
mí, quizá también empujada por ese viento que nunca supe percibir más que en sus efectos, para mí tan
beneficiosos. La diferencia es que yo me sentí llamado también por ella. Mientras tanto, sus hermanas, hermosas igualmente todas ellas, nos observaban. No sé
muy bien si con envidia o si con suspicacia, si atentas
a la brisa o si acaso oliéndose algo.

Manuela era algo mayor que yo, unos siete años,
y, si es cierto que en alguna medida estuve enamora-
do de la mayor de las hermanas, no es mentira que nunca debí prendarme de ella, iniciando el camino que me
trajo hasta aquí, pues es su historia, junto con la de
todas sus hermanas, la de todas ellas, Bárbara inclui-
da, la que hasta aquí me ha conducido, no otra causa.
Otras anteriores se hubiesen olvidado —ésta no—,
tantas eran ellas. Y tan hermosas.

Manuela era ambiciosa y eso la hacía igual a mí,
tanto que creí encontrar en ella el alma gemela que yo
necesitaba, una loba solitaria que me acompañase en
mis correrías. Por eso intenté unirla a mí. Unirme yo
también a ella por medio de ese vínculo extraño que
algunos creen poder llamar amor. Pero me equivoqué.
Me utilizó. Por extraño que pueda parecer, me utilizó.
Había decidido usarme como un medio para escapar de
aquella trampa en la que su nacimiento la había recluido. De aquella trampa en la que convivía con el resto de
sus hermanas y de la que ella fue la primera en adqui-

rir consciencia. La primera, pero no la única. Bárbara, la más pequeña, creo que también lo supo desde el principio. Quiero decir que también supo, casi desde el comienzo de sus días, que su existencia era una trampa del destino. Y que yo era el instrumento que ese destino había puesto a su alcance para poder escapar del cepo que las retenía. Lo supo al tiempo que Manuela. No puedo afirmar cómo lo sé. Pero lo sé. Caí en la cuenta cuando ya era demasiado tarde para rectificar y había empezado a incorporar a Manuela a mi vida y a mis costumbres, sin que me quedase otro remedio que matarla. Después habría de incorporar a Bárbara a mis sueños.

Aquellas noches, esporádica y fugazmente disfrutadas en el inicio de nuestra relación, pronto se fueron prolongando en estancias más duraderas y en un trato más asiduo; tanto que Manuela acabó por resultarme imprescindible, al principio, y por acompañarme, luego, en alguno de mis recorridos de buhonero, unos recorridos que quizá gracias a ella yo me atreví a llamar ya mercantiles. Fue ella quien empezó a llamarlos así, de forma que creí tímida e indeliberada, recalcando mucho la palabra, exagerando la pronunciación de la erre. Como si le hiciera gracia el descubrimiento de aquélla y el sonido de ésta, haciéndome feliz con ello. Me sentí pletórico como nunca lo había estado en toda mi vida. Gané popularidad por los caminos y despejé cualquier duda o recelo que hubiese podido obrar sobre mí y sobre mi conducta, hasta entonces considerada extraña.

No era lo mismo acercarse solo a una posada que hacerlo bien acompañado por mujer tan hermosa, noble de ademanes y elegante de andares. Incluso me gustaba pensar que nos tomaban por un honesto matrimonio de honrados comerciantes. Fui tan feliz, me cegué tanto por la bonanza mercantil que empezó a envolvernos que no tardé en aceptar que pudiese ser ella quien se desplazase en mi lugar, para vender algunas de mis mercancías o para concluir ciertas transacciones, sirviendo así a mi ansiado sueño de ampliación del negocio de compra y venta de ropas y de otros objetos usados. Hasta juraría haber sido yo quien insinuó primero tal oportunidad gloriosa. Con eso creo decirlo todo.

Fue en 1845 cuando ella se incorporó a mi vida del modo estable que tanto me había ayudado a desear, no con su ahora reconocida y oculta ambición, sino por obra de su actividad en la cama, tan acorde con todas mis tendencias y tan comprensiva con ellas, pues son ésos los encantos femeninos que en tantas ocasiones nos reducen a los hombres, aun a los más extraños, y de tal guisa nos someten a todos sus designios. El mío, en este caso, el de convertirla en socia y luego ayudarla a emanciparse.

Sucedió unos meses antes de los correspondientes al otoño de 1846, quizá por marzo de ese mismo año, cuando Manuela vendió una vaca y dos toros y, con los quinientos reales de ganancia obtenidos de la venta, se incorporó a mis actividades, pagándome el importe que acordamos por unos pañuelos de mi tienda, que yo le entregué, a fin de que fuese ella quien procediese a su venta y obtuviese unas ganancias. Lo hizo pronto y bien. Ése era uno de sus encantos.

Mientras yo mantenía mi independencia, ella iba adquiriendo la suya, poco a poco, como habíamos terminado por acordar, muy contra mi voluntad primera y creyéndome feliz de poder hacerlo. De tal manera había empezado a someterme y tal era su capacidad de seducción. Pero pronto empezamos a coincidir en discusiones que yo creía sin sentido y, en excesivo número de oportunidades, quiso indicarme lo que debería hacer con mis asuntos. Por eso, imperceptiblemente al principio, comencé a intranquilizarme. Ella era muy hábil y constante, tenía mucha perseverancia, mucha. Era capaz de insistir si no hasta convencerte, sí hasta hacerte desistir de tus propósitos iniciales, haciéndotelos olvidar, de modo que, confuso y sin meta, te preguntabas cuál habría de ser tu horizonte próximo. No encontrándolo, acababas por descubrir el de ella justo en el momento, es decir, al mismo tiempo que lo convertías en el tuyo. Esto, que pudiera parecer difícil, era sin embargo fácil.

Debo reconocer que tenía una enorme visión para los negocios y razón la mayor parte de las veces en que nos enfrentábamos. Tanta razón tenía y tan bien la argumentaba que de modo imprevisto, se diría que producto de una intuición fugaz, pero afortunada, sin motivo aparente que me condujese a ello, sospeché que quisiese empezar a volar por su cuenta y a hacerlo demasiado pronto. Al menos en un principio eso me salvó. Decidí no hacerle saber nada del floreciente negocio de las mantecas al que había llegado, casi por casualidad, con unos ciudadanos portugueses, no hacía todavía muchos años. Me salvó a mí, pero la condenó a ella.

El tráfico de grasa humana, al que con tanta intensidad me había dedicado durante los anteriores, fue abandonado durante los primeros meses de mi relación con Manuela en una medida que no era de desear. Sin duda que este abandono ayudó no poco a que me resignase a aceptar su propuesta de ir adquiriendo una progresiva independencia, porque esa independencia implicaba un distanciamiento que la mantendría alejada de mí y me permitiría volver a ocuparme en mis asuntos más y mejor remunerados. Y en cierta medida los más gratos. Hasta entonces no había echado en falta tales asuntos, ésa es la verdad. Pero volví a notar su ausencia, la emoción intensa que solía acompañar su obtención, el nauseabundo olor que despiden las entrañas humanas, mucho más intenso e insoportable que el de las de cualesquiera otros animales, tanto que una vez olido puede llegar a hacerse imprescindible, pues ningún otro olor te acompaña durante tanto tiempo, ningún otro te reclama tanto, persiste tanto, tanto te hiere. Hasta esclavizarte y hacerte recordar tus más desconocidas e insatisfechas ansias. Aquellas que sublimaste envuelto precisamente en él, en ese hedor que te marca, obligándote a evocarlas antes de empujarte a la repetición del ciclo con una frecuencia que a no pocos se les antoja lunar y que sin embargo no tiene por qué serlo.

Fue por el otoño alto cuando comenzó a precipitarse todo. Si no fue por el de ese mismo año, sí fue por el del siguiente, aunque lo dudo. Las ventas habían ido a más, los negocios comunes crecían poco a poco y Manuela había ido a la rectoral del abad de Paredes de Caldelas a cobrar treinta reales. Era la suma ganada en el precio de una casa y en el producto de una venta que ella misma le había hecho a Tecla N., que era criada del administrador de Los Milagros y quien había afrontado la compra, casi seguro, con el respaldo económico del tonsurado. Manuela había sabido pronto y bien que se aprendían muchas cosas recorriendo los caminos a mi lado; que no sólo se aprendían cosas, sino que se tenían noticias y se adquirían conocimientos con los que obtener beneficios muy limpios e inmediatos. Yo, por mi parte, a pesar de que ya empezaba a sospechar (sí, debió de ser en otoño de ese mismo año de 1845) su deseo de abandonarme para realizar los negocios por su cuenta y del modo que yo le había enseñado, seguía confiando en ella y sopesaba continuamente la dificultad que representaba para una mujer el hecho de dedicarse, sola, sin el amparo de un hombre, al tipo de vida en el que la había iniciado, intuyo que con la envidia de sus hermanas. Pero así era ya de sólida nuestra relación. Entonces Pascual Merello Merello N., su marido, todavía no había pasado a mejor vida, pero ya permanecía ausente y olvidado.

Mientras Manuela se desplazaba a Paredes de Caldelas, Petronila, su hija, quedó a mi cargo, y los dos juntos iniciamos la ruta que, de no haber mediado otras circunstancias, nos hubiera llevado a Portugal, por primera vez a ella y de nuevo a mí, después de tanto tiempo. Quería yo renovar mis viejos y creía que perdidos contactos, a fin de reanudar también las actividades por las que hacía alguna semana que venía suspirando.

Al llegar cerca del Souto da Redondela, un bosque que hay cerca de Montederrano, Petra, como a mí me gustaba también llamarla, se separó para ocultarse detrás de unas ginestas crecidas en las lindes del soto de castaños. Al poco oí como orinaba. El chorro de su orina estaba sin duda batiendo contra unas hojas secas, o contra una lata vieja, contra algo sólido, no lo sé bien, no lo recuerdo; en todo caso podría estar incluso cayendo sobre un pequeño reguero de agua que por allí circula. Imaginarla a horcajadas sobre el aire me excitó tanto que no supe ni quise reprimirme. Por eso me acerqué con extremo sigilo y la sorprendí con mi desnuda presencia antes de que hubiese terminado.

Al verme delante de ella, alcanzó del suelo una piedra con la mano y me amenazó con ella.

—¡Vete! ¡Sal de ahí! —me dijo, aún sin cólera en la voz, todavía sin miedo, pero ya sabedora de mis ansias, permaneciendo en la misma posición en la que yo la había descubierto.

Petra tenía catorce años y era hermosa y blanca como su madre. No me aparté, sino que di un paso más en dirección hacia ella. Sabía que yo no era santo de su devoción desde que había ocupado el lugar de su padre en el lecho de su madre y menos desde que había arrastrado a ésta a recorrer conmigo los caminos, así que no me inmuté. Entonces ella me lanzó la piedra. Al hacerlo su cuerpo blanco quedó parcialmente al descubierto y aquello acabó de excitarme. En ese momento me precipité hacia ella.

La maté allí mismo, ahogándola con mis manos, luego la desnudé y la poseí. Más tarde guardé sus ropas para venderlas posteriormente, como ya había hecho tantas veces, y, después, con una cuchilla de zapatero, la que en mi tierra llamamos *subela*, desnudé su cuerpo de la tenue cobertura que lo envolvía, aquella piel tersa y blanca, lo despellejé, si se prefiere, y extraje la estremecida y aún palpitante y sebosa grasa que tanto valoran algunos portugueses, para completar sus ritos, y algunas portuguesas, para enjabonarse durante sus más intensas abluciones y facilitar a sus pieles unas delicadas tersuras que ningún otro tipo de jabón les proporciona. Por eso pagan tan generosa y gustosamente el fraguado con grasa humana.

Acabé descuartizando a Petronila y esparciendo sus restos en los lugares que tan bien conozco, después de tantos años de transitar por ellos. Se trata de lugares, ocultos en las más de las oportunidades, casi inaccesibles en no pocas, que son paso seguro de los

63

lobos que se desplazan a través de ellos, todas las noches, en busca de sus territorios de caza. Sabía que al encontrarlos, los lobos harían desaparecer los restos de Petra, devorándolos sin dejar apenas rastro. Después continué mi camino. Volvía a ser el mismo. Debo reconocer que, una vez más, me poseyó una calma extraña.

Al llegar algo más tarde a Rebordechao, Bárbara, la hermana pequeña de Manuela, que se había ido a vivir con ella desde Castro de Laza cuando se quedaron sin su madre, me preguntó por su hermana mayor y por su sobrina. Lo primero que se me ocurrió decirle fue que su hermana había encontrado trabajo como ama en la casa de un cura, párroco en un lugar cercano a Santander en el que había dejado a las dos para ver si se acostumbraban al reverendo y a la nueva y creía que magnífica ocupación encontrada.

—Pero ¿no estabais haciendo tan buenos negocios juntos? ¿No decías que habíais nacido el uno para el otro? —me interrumpió airada.

La miré despacio, mientras pensaba algo, y sólo se me ocurrió decirle:

—Las mujeres sois así, un día no sabéis vivir sin nosotros y al siguiente afirmáis estar ya hartas. ¿Qué quieres que te diga? Ya volverá o ya te traeré noticias de ella.

Bárbara me observó con desconfianza, pero pareció quedar tranquila y aceptar la explicación. No podía suponer que en mi albarda, a lomos de mi caballo, estaba la ropa de su sobrina, pero también una vasija conteniendo sus mantecas. Saberlo me hizo recobrar aquellos ademanes que yo creía ya olvidados. Noté cómo mi mirada se tornaba de nuevo esquiva y cómo indeliberada y fugazmente la dirigí hacia allí, hacia el lomo del caballo. En ese momento Bárbara la sorprendió y me preguntó de nuevo:

—¿Y cómo es que sólo traes la mula de Petra?

— Es que la de Manuela se murió al llegar a Astorga —le respondí impensadamente.

—¿Y qué vas a hacer con ésta? —me preguntó de nuevo.

—Supongo que venderla cuanto antes. Ya debí haberlo hecho, pero preferí esperar por si la queréis alguna de vosotras —le respondí a Bárbara, también de forma rápida.

Ella no me contestó. Se limitó a observarme. Durante unos momentos mantuve su mirada. Luego fingí volver a mis ocupaciones. Entonces se ausentó yendo dentro de la cuadra que no hacía todavía mucho había sido ocupada por la vaca y los dos toros vendidos por Manuela.

Bárbara seguía viviendo en la casa que había sido de su hermana, pues yo así lo había consentido en el momento de cerrar el trato con Manuela. Decidí no alojarme en ella aquella noche y seguir el camino de Chaves para deshacerme de mi mercancía y poder dar media vuelta cuanto antes, con tiempo suficiente para evitar que Manuela se me adelantase, llegando antes que yo a Rebordechao, ya de regreso del cobro de la venta de la pequeña casa de Paredes de Caldelas.

Ya era tarde y anochecería pronto. Apuré mi paso y caminé en medio de la oscuridad. Estaba acostumbrado a ello. Quienes llevan los recados de un lugar a otro también suelen hacerlo así, para evitar a los ladrones, ofreciéndoles un señuelo mucho menos visible del que ofrecerían por el día. Algunos de estos recaderos son capaces de realizar el camino que hay entre Allariz y Compostela en el corto espacio de tiempo de una noche. ¿Y qué soy yo sino también un recadero?

Una vez que llegué a Chaves y me deshice de mi carga, di media vuelta de inmediato. Continué caminando de noche y confieso que a punto estuve de rendirme, llevado de tanta urgencia y ansiedad. Sin embargo, me repuse, lo hice con sólo recordar a mis paisanos ocupados en las labores de la siega y saberlos trabajando, también de noche, en cuadrillas de siete, unos segando y otros atando gavillas, casi siempre bajo la supervisión del más viejo, investido de la autoridad de un cachicán, que es como le decimos los gallegos a lo que los castellanos llaman capataz y que, en otros casos, en vez de ser el más viejo, es el considerado más hábil o más capaz en las labores que realizan. También ellos apenas duermen en esas jornadas, que suelen empezar alrededor del día de la fiesta de San Juan y alargarse hasta el de después del de la Virgen de Agosto. O si duermen lo hacen en pleno campo, mal alimentados, exponiéndose a prisión por cazar algún conejo o alguna liebre, consideradas propiedad de los amos. Suelen cazar, una vez hambrientos, nunca antes y sólo entonces, durante alguna de esas noches hermosas del verano, pues lo que les dan como alimento es incomible y únicamente al amparo de las sombras se atreven a afrontar las penas con las que se saben amenazados.

El hecho de pensar en ellos me indujo incluso a hacer mi paso más ligero. La mía es una ocupación más beneficiosa, mejor remunerada que la de mis paisanos segadores, y pensar que la podía estar poniendo en peligro me llenaba de ansiedad, obligándome a andar todavía más deprisa. Cuando me vi de regreso en Rebordechao y comprobé que Manuela no se me había adelantado respiré tranquilo y también exhausto. Bárbara volvió a interrogarme.

—¿Qué, ya de vuelta? —me dijo—. ¡Muy rápido viajas ahora!

No recordaba haberle dicho hacia dónde me encaminaba y tuve el acierto de no responderle nada que le permitiese suponerlo.

—Depende de adónde hayas ido y desde donde regreses —le respondí con ambigüedad deliberada, pero ella no pareció darse cuenta.

En esta oportunidad no sentí la necesidad de volver la vista hacia la cabalgadura de manera si no inconsciente, sí indeliberada, y pude continuar mi camino, más tranquilo, pero igualmente aprisa, pues había comprobado que Manuela no se me había adelantado y me urgía volver a encontrarme con ella.

La encontré en el Souto de Redondela, casi en el mismo lugar en el que había matado a Petronila. Al ver la asustada e interrogativa expresión de su rostro, solicitando aclaraciones por la ausencia de su hija, le expliqué a Manuela que la había dejado en casa de un cura de Santander, que era tanto como decirle ahí al lado, pues mal sabía ella dónde quedaba tal y tan alejada provincia. Simuló creerme, pero bien que me di cuenta de que me mentía.

—¡Llévame con ella! —me gritó—. ¡Ahora mismo! —me conminó, y supe entonces que también tendría que matarla. Pero le respondí con una calma en la que ella pareció no reparar:

—¡Vamos para allá!

Después, simulando de nuevo calma, eché a andar y aún tuve que oír otra pregunta:

—¿Y cómo te trajiste su mula? —preguntó.

Volví mi rostro hacia el de ella, que venía cabalgando detrás de mí, y le respondí:

—¿Qué querías, que se la quedara el cura y que la aprovechase él?

Pero al observar de nuevo la incredulidad asomando en su rostro supe que tenía que matarla allí mismo, sin tardanza. Al adquirir tal consciencia no fui capaz de reprimirme y le di un fuerte puñetazo que la derribó al suelo. Salté del caballo inmediatamente, pero ella ya se había repuesto del golpe recibido y me esperaba en pie esgrimiendo un cuchillo de cocina.

—¡Seguro que la mataste, cabrón, seguro que le

vendiste el unto a los portugueses, hijo de puta! —me dijo con rabia extrema, con lo que acabó de cegarme.

Acababa de comprobar dos extremos importantes: que Manuela era ciertamente mi alma gemela, por un lado; pero también, por el otro, que el hecho de que ella desconfiase de mí, en el sentido que acababa de expresar, era debido sin duda a que ya corrían rumores sobre mis actividades y ella los conocía; de lo que deduje que si a pesar de tener noticia de ellos se había asociado conmigo era por alguna razón fácilmente deducible: o bien porque era una irresponsable o bien porque le importaban poco, con tal de hacerse rica. En cualquier caso estaba ante un enemigo poderoso y me abalancé sobre ella.

Rodamos por el suelo y evité el filo de su cuchillo en dos ocasiones, hasta que consiguió herirme con él en el dorso de la mano. Entonces cogí una piedra del suelo y la golpeé en la cabeza. Creo que se la rompí. Todavía inconsciente la desnudé, lo hice aprisa, antes de que la sangre manchase sus ropas, estropeándolas, y, luego de desnudarme yo, la degollé con su propio cuchillo e hice con su cuerpo lo mismo que ya había hecho con el de su hija, con la única diferencia de que si los restos del de aquélla los había esparcido por el paso de lobos de A Mallada, los de Manuela los abandoné a lo largo del paso llamado A Mallada Vella, próximos los dos al Souto da Redondela.

Maldita la hora en la que me tropecé con tal familia. Con Manuela y Bárbara, primero, con Josefa y Benita después, también con María, con Francisco y con José, sus hermanos, algo más tarde. Con Bárbara me sigo tropezando. La imagino con facilidad, hermosa y altiva como una diosa, azuzando a la gente en mi contra. Organizando batidas, como dirá ella, sonriendo, mientras se pregunta y se responde, sin concederse pausa ni duda alguna, adornando sus palabras con su sonrisa maliciosa, pero llena de encanto:

—¿No dice que es un lobo? A las alimañas se las extermina. Y punto.

De Benita y de Josefa di tan buena cuenta como de Manuela. Y de los cuerpos de sus hijos, Francisco y José, que llevaban los nombres de sus respectivos tíos, hice los trozos que ya había hecho con el de Petronila. Es fácil hacerlo, y la costumbre ayuda mucho. Además, los miembros de una misma familia parecen cortados todos por un mismo patrón. Bárbara todavía me acosa hoy, con Bárbara no pude. ¡Ah, pero puedo imaginarla! María, Francisco y José, sus hermanos, hacen todo lo que les dicta ella, a pesar de ser la más joven de ellos, quizá porque también es la más hermosa e inteligente.

Maté a Benita y a su hijo en el Corgo do Boi. La explicación inicial sobre la ausencia de Manuela y Petronila, las noticias que decía traer de ellas de vez en cuando, la confianza que hice crecer acerca de lo bien que les iba y lo bien acomodadas que estaban en casa del cura santanderino no parecieron contentar nunca a Bárbara, pero sí a sus hermanas, tanto que me condicionaron a buscarles idéntico acomodo. Y a fe que lo hice.

Benita y Francisco vivían en Soutelo Verde, en el municipio de Laza, una jornada andando desde Rebordechao, si uno no se da prisa, pues hay que bordear la laguna y eso lleva siempre más tiempo del que uno prevé.

Los saqué de allí con todas sus pertenencias, que no eran muchas, un año más tarde, en 1846, debió de ser en marzo. El niño tendría unos nueve o diez años, no más. Ella era unos catorce años más joven que Manuela y no tan guapa como Bárbara, así que debía de rondar por aquel entonces los treinta y cuatro años de su edad, lo que no está nada mal para abandonar el mundo si es seguro que no va poder disfrutar nunca de todos sus placeres. En aquel mes de marzo, Bárbara se había trasladado hasta Castro de Laza para ayudar en las labores del campo, e intentó convencer a Benita de que no se fuese conmigo, pues ya desconfiaba entonces de mí; lo hacía desde que habían desaparecido Manuela y Petronila, si he de ser sincero y no contradecir lo que ya afirmé antes de ahora. Pero Benita no le hizo caso y obligó a Bárbara a regresar a Rebordechao, llevándose con ella el pollino que la había traído hasta Tansirelos, cerca ya de As Arruas, con lo que me evitó a mí una ganancia, un ingreso en cuenta, es cierto, pero también un inconveniente, lo que le agradecí sin más que recordar el incidente habido con la mula de Petronila.

Los maté pronto, a Benita y a Francisco. Estábamos cerca de Chaves y el que me diese cuenta de lo fácil que sería acercarse hasta allí para deshacerme de sus sebos me animó no poco. Lástima que se me ocurriera venderle a Xosé Edreira la colcha de cuadros rojos, azules y verdes que llevaban en el costal de ropa que constituía todo su patrimonio y que Xosé la conservase, pues hoy sería un dato menos. Pero las urgencias traen consigo estos excesos, y la presencia de Bárbara me inducía siempre a ellas. Hubiese bastado con imaginarme a Benita tejiendo la manta de harapos en el viejo telar de madera, mientras soñaba las aventuras que sólo durarían desde Soutelo Verde hasta O Corgo do Boi, lástima, que parecía soñadora y amiga de mejorar la existencia ajena tanto como la propia. El mero hecho de imaginármela me hubiese impedido vender la maldita manta, al menos en lugar tan próximo, pero sentía cercana la presencia de Bárbara y eso obnubilaba mi mente, como decía mi viejo cura de Regueiro cuando trataba de justificar sus excesos amatorios.

La muerte que les di fue semejante a tantas otras y me abstengo de narrarla, pues ya no hace al caso que me he propuesto y que luego se verá.

Fue su insistencia, la insistencia de Bárbara, que porfiaba en tener noticias de Manuela o de Benita por escrito, pues no se conformaba con las orales que yo fingía transmitirle, la que más adelante me obligó a escribir una carta y decidirme a dar cuenta de la tercera de las hermanas atrevidas. Lo hice después de pensarlo mucho y detenidamente, también una vez que decidí no poner firma alguna en ella, a fin de no equivocarme más tarde, atribuyéndosela a otra hermana distinta de aquella a la que se la hubiese adjudicado en un principio. Sin embargo, me preocupé de dejar bien claro en ella que no era Manuela quien la escribía, sino yo mismo, y en utilizar los datos que yo había ido propiciando como reales y ciertos, en las anteriores novedades que había sabido inventarme como procedentes de las difuntas, gracias a las instancias ciertas y recurrentes de Bárbara.

Falseé mi propia letra, distorsionándola, no sin gran disgusto, pues tan orgulloso estoy de mi caligrafía, tanto como de mi redacción, que sé impropia de un buhonero, pero no de mi inteligencia y de mi dedicación, de las que tan lleno de vanidad se siente mi viejo párroco y maestro. Falseé ambas en aquella oportunidad. Escribí con la mano izquierda, por hacer aparecer la letra poco firme y dubitativa, pero el hecho de ser ambidiestro no me ayudó mucho en mi propósito. Sin embargo, cuando le mostré a Bárbara el resultado de mis esfuerzos, conseguí dos cosas, a saber: que se guardase la carta y que lo hiciese casi hasta ahora mismo, cuando ya figura como prueba en el proceso, ésa la primera; que Josefa, al conocer su contenido, se animase a unirse a Manuela y Petra, a Benita y a Francisco, la segunda.

La reproduzco evitándole al posible lector de estas memorias la incomodidad de las faltas de ortografía y reorganizando algo la insensata puntuación que tanto me gratificó alterar, pero respetando el tono y el discurso que sin duda hicieron la carta más creíble, o eso creo. Dice así:

Junio a 22 de 1850.

Mi más estimada y querida hermana: Me alegraré de que al recibo de ésta te halles con la más completa salud que yo para mí deseo. La nuestra es buena, a Dios gracias, para lo que deseéis mandar, que lo haré con mucho gusto y agrado. Me ha remitido cuarenta varas de lienzo, de lo que estoy muy agradecida, que no pensé que sabía escoger lienzo tan bien. Tú dile que acá que salieron sesenta y me quedé yo con veinte. Hermana mía, ya está Petra supliendo la plaza tuya, pero ahora recojo los granos a gusto por causa que queremos ir allá las dos. Saberaste que habemos tenido una suerte buena al juego real de treinta y dos mil reales, pero Manuela parte con él. Ya estoy sabedora de lo que paseaste y no hiciste nada a causa de estar lejos de todo me ha dicho que vendieras la casa de la que te doy mucho laudo, pero no tengas pena ninguna, que si Dios nos da salud ya pagaré todos esos trabajos. Sábete que ya te metió don Genaro al juego real. Ruega a Dios que te dé buena suerte. Tenemos intención de ir allá por mulas. Dile que digo yo que si puede mandar lo que le pido, por el propio que sabe, y que, si no puede más, que empeñe una tierra. Dale nueve duros, en cuanto nosotros imos, y mantente firme que es muy grande conveniencia. Yo bien mandara venir aquí a Pepín con él acá, pero es muy lejos y se estropea porque al cabo tiene que estar allá para comprar y al tiempo a propósito para los Santos, que se presenten acá las dos, si se puede, cuanto esteamos allá cuatro días y que traigan la medida tuya de grueso y de largo. Que nadie sepa que nos carteamos. Muchas expresiones de todos ha hecho que don Genaro aguarda por ti.

Fue la primera vez que se me ocurrió mentar a don Genaro.

Oír hablar del Juego Real y de tantas y tantas varas de lienzo, aludiendo a negocios que a ella le parecieron portentosos, animaron no poco a Josefa a unirse a sus hermanas ausentes, instándome reiteradamente a que la llevase conmigo. Lo hizo con no menos contumacia que la utilizada por Bárbara para recabar noticias o pillarme en contradicciones. Pero estas hermanas son así, las que quedan y las que se fueron. Quizás eso me haya conducido a desearlas tanto y perderme por causa de ellas.

Por ser más reciente, recuerdo mejor la fecha de cuando ayudé a Josefa en su tránsito. Fue el día uno de enero de 1851 cuando me la llevé de su casa. Josefa era ya entonces mayor, pues tenía dos años menos de los que tendría Manuela de no haber esgrimido aquel cuchillo. María, la otra hermana, nos acompañó durante una o dos leguas por el camino de Correchouso, cuando aún era de noche, pues echamos a andar de madrugada. Lo hizo hasta que Josefa le indicó que se diese ya la vuelta, estando entre Rebordechao y el dicho Correchouso, en el monte que llamamos Petada das Paredes, porque el burro sobre el que María cabalgaba ya no subiría aquella empinada ladera ni con la facilidad ni el paso que sería de desear.

—Anda, da la vuelta que aquí no pintas nada y vas a reventar al burro —le dijo Josefa en buen tono, para que no se sintiese aludida en su gordura.

Ya había amanecido y María la miró agradecida, deteniendo el animal que enseguida giró, volviendo la cabeza en la dirección que había traído.

—Si insistes —le respondió María.

—Anda, da la vuelta —insistió Josefa.

Entonces Josefa reparó en la cesta de la tienda, en la albarda que llevaba una de mis mulas, conteniendo parte de sus ropas y, antes de que María volviese sobre sus pasos, le recordó algo:

—Manuel volverá por más cosas. Ya le daré yo una llave de la casa, así que no te preocupes, que no nos faltará de nada.

Ya había amanecido. La mañana era fría, sin lluvia. Los carámbanos adornaban los bordes del camino que serpenteaba entre la montaña, aprisionando en su interior las hojas de los helechos que colgaban, sobresaliendo de las raíces de los robles de la parte superior de aquél, la correspondiente a la ladera ascendente, mientras que en otros lugares el hielo se instalaba entre los intersticios de las piedras de los muros; entonces eran los ombligos de Venus los prisioneros del frío.

Fue un buen negocio el que hice con Josefa. Cuando leyó la carta y se decidió a viajar en busca de sus hermanas, vendió un carro por ocho duros, una cerda por cinco, y tasó una vaca en dieciocho que yo prometí entregarle nada más que llegásemos a Santander, pues la vaca la hice mía de inmediato.

—La mitad de la lotería del Juego Real que le tocó a Manuela es mía, y será con parte de ella con la que te pague —le prometí sin vacilación alguna.

También me adjudiqué dos ferrados de maíz y diez ollas de vino que luego vendí a buen precio a Domingo, el de Castro, y al Gabelán, en el mismo Rebordechao, aunque ahora los dos lo nieguen y yo entienda sus razones para hacerlo; así se evitan males mayores, comentarios de los vecinos, cualquier acción de la justicia, al mismo tiempo que me echan a mí más tierra encima, en la seguridad de que así se sacan ellos de un problema. No seré yo quien los culpe, pero pobres de ellos como pueda hacérselo pagar.

Al hijo de Josefa me lo había llevado conmigo unos meses antes. Lo hice contando con el consentimiento de su madre, que creyó que así me decidiría yo de modo más fácil y decidido a buscarle trabajo a ella, cerca de su hijo y de sus hermanas. Lo convencimos, entre los dos, diciéndole que iba a ver a sus tías para llevarles unos encargos y algunos dineros. Era un mozo de unos veinte años. Deshacerme de él me resultó más fácil de lo que había supuesto. Fue la primera vez que caté carne de macho joven.

Sucedió en octubre de 1850, el doce, creo recordar. Amanecía y la luz del sol, al filtrarse entre las hojas de los castaños, producía la luminosidad diáfana y metálica que es propia del viento del norte. La criatura se abrigaba con una capa de paño ordinario marrón, que luego yo le vendería al propio cura de Rebordechao, buen amigo mío. Siempre tuve muy buenas relaciones con la clerecía. Ahora mismo es mi viejo cura quien me presta el mayor consuelo y el más decidido apoyo. Se lo agradeceré mientras viva.

Cuando, más tarde, Josefa descubrió la capa encima de los hombros del reverendo, tuve que decirle que yo mismo se la había comprado al mozo, dándole cinco duros a cuenta y prometiendo entregarle el resto a la vuelta de otro viaje, hasta completar el total pactado, porque ese tipo de capas no se estilaban en el país al que lo había llevado y él allí no la necesitaba, con lo que casi le había hecho un favor. No deja de resultar curiosa la exagerada credibilidad de las gentes cuando les interesa aceptar un argumento que, de resultar falso, les vetaría la meta que persiguen.

Creo que sería ocioso relatar otros sucesos y otros pormenores acerca de mis actividades, porque a estas alturas resultarán fáciles de imaginar. Sin embargo, más adelante haré referencia a algunas más y también daré más nombres que ilustren todo cuanto diga. Ahora es tiempo de que se siga un orden.

3

El alcalde de Laza testificó el veintiocho de agosto de 1852, recuerdo bien la fecha; en realidad lo recuerdo todo. Muy en su papel de alcalde preocupado por sus convecinos y por ello conocedor de todos sus pasos y cuitas, afirmó que Benita García y su hijo faltaban de su casa desde hacía aproximadamente unos cinco años. Regresar a Galicia, adonde me trasladaron después de la detención en Nombela, y verme en Laza, custodiado por una pareja de la recién creada Guardia Civil, no dejó de causarme asombro y cierto e indescifrable malestar. Siempre me había paseado por mi tierra, siguiendo mi libre albedrío, sabiéndome dueño de los caminos más tortuosos e intrincados, también de los espacios más abiertos; pocos, aparte de los que rodean la laguna de Antela. Por eso, cuando en el mismo ayuntamiento de Laza me preguntaron al respecto, decidí conducirlos hasta el lugar de los hechos. Lo recordaba bien y era la ocasión de respirar otro aire que no fuese el enmohecido de mi celda.

Suponía que conociendo como conocía el terreno, mucho mejor que cualquier joven miembro de la Guardia Civil, incluso de los nacidos en aquellas tierras vecinas de Verín, en las que se celebran unos carnavales que a tantas cosas se prestan y a tantas más se han de prestar en el futuro, sabiendo como sabía de todos los caminos, bosques y espesuras, sabiendo todo lo que sé de disfraces y fingimientos, malo sería que no me fuese concedida en algún momento la posibilidad de escapar. Entonces, verían si eran capaces de encontrarme. Portugal está realmente a un paso de allí. Y ya sabrían mis clientes portugueses cómo librarme de mis perseguidores, ya que de mis cadenas me habría librado yo.

No sucedió así. Los guardias civiles eran jóvenes y fornidos, entregados a su labor con una eficacia que me sorprendió y causó desánimo. No se separaron de mí ni una pulgada. Caminaban poco menos que pegados a mis pies como si fuesen mi sombra. Fue en el justo momento de darme cuenta de la imposibilidad de huir, cuando tuve la iluminación de dejar ver algún disparo siniestro de mi personalidad, que diría el buen y agudo facultativo cuyo nombre juré no olvidar nunca. ¿Se acuerdan ustedes de él? Me refiero a don Vicente María Feijoo-Montenegro y Arias, al marido de doña Micaela, nada menos. Hasta ese momento los había entretenido dando vueltas en círculo, subiendo y bajando por las laderas de los pequeños montes, como si estuviese buscando algo, como si me estuviese orientando, cuando en realidad estaba esperando la oportunidad que no llegó.

Entonces decidí conducirlos a todos hasta allí, esperando que pudiese suceder ese algo que todavía no había sucedido. Hasta ese momento tuve esperanza. Sólo cuando la perdí me resigné a llevarlos hasta el lugar real de algunos de mis actos más gratificantes, de algunas de mis particulares y horribles hazañas, que diría don Vicente María engolando la voz y engallando el gesto, que pretendería adusto, cuando sólo era estúpido. Fue a conciencia. Así los conduje hasta la grieta en la que aún sería posible encontrar algún resto, pues es tan profunda que no siempre los lobos se aventuran en ella y optan por otros lugares de paso, menos llenos de dificultades, pues son lobos, no burros. Los conduje a todos hasta allí. Y a don Vicente con ellos.

El lugar se llama O Corgo do Boi. Un corgo se le dice en gallego a una depresión profunda, a una hendidura, a un tajo de la tierra por el que de modo ocasional baja el agua de un torrente. Pero también se le llama así a una pequeña cavidad habida en cualquier piedra en la que se almacenó el agua de la lluvia antes de que se congelase y al hacerlo hendiese la roca. O Corgo do Boi es exactamente una depresión por la que a veces baja, impetuosa, el agua de un torrente, también un paso de lobos aguerridos, los más fieros de la manada. Cuando el agua baja y ocupa su parte más profunda, el camino más angosto de todo el Corgo do Boi, los lobos vadean éste y después lo cruzan, saltando de piedra en piedra, con la aparente y frágil agilidad de sus cuerpos, no del todo esbeltos, siempre de cuartos traseros escurridizos, siempre la cabeza enorme, como si les pesase, pero siempre las patas veloces y dueñas de una potencia extraña, pues son ellas las que les permiten cruzar saltando, de piedra en piedra, con aparente facilidad.

Hasta allí los conduje, a los representantes de la ley. Les señalé el matorral que divide al arroyo en las épocas en que no desciende en plenitud y al llegar les indiqué su parte superior.

—Fue aquí. Aquí maté a Benita García y a su hijo Francisco —les dije, y después me callé.

Esperaba que no encontrasen nada, que el agua del torrente se hubiese llevado los restos que los lobos no hubiesen devorado, pero empezaron a remover las hierbas, los matorrales, incluso a levantar algunas piedras del arroyo, hasta los más inútiles y descansados de mis vigilantes, llevados de una extraña y sorprendente diligencia que no dejó de entristecerme y que significaba el fin de mis sueños. No hizo falta que se entretuviesen mucho. Enseguida apareció un hueso de mujer adulta entre la hierba. Lo encontré yo mismo, pues por algo hablé de inútiles y perezosos, y no supe resistirme al anuncio del hallazgo. Me invadió una sensación de extraña resignación a la que no supe negarme, o bien lo hice llevado de este servilismo contumaz del que tanto me he valido siempre; pero quizá también del narcisismo, del afán de protagonizarlo todo y obligar a los demás a reparar en mí aun a su pesar. Quién sabe si, en última instancia, lo hice porque, por mucho que afirmen lo contrario, los más de los mortales no están muy acostumbrados a encontrarse con este tipo de realidades o quizá porque intuyéndolas, incluso viéndolas, prefieran ignorarlas.

Se volvieron todos sobresaltados hacia mí, haciéndome sentir el centro del universo. Entonces, con toda naturalidad, le extendí mi hallazgo al ilustre doctor Feijoo-Montenegro que, o bien había querido acompañarnos, o bien lo habían inducido a ello, lo ignoro, pues Allariz está algo distante de Verín como para hacerlo de forma voluntaria. A lo mejor es que se trata de un entusiasta, de un amante de la verdad, quién sabe.

—Pertenece a la cadera del lado derecho, de la cresta del íleon a la tuberosidad isquiótica —dijo sin inmutarse y dueño de una suficiencia que se me antojó insultante.

Continuó mirando y remirando el hueso, como si estuviese comprobando que no se había equivocado en su afirmación, lo que dado su talante prepotente y lleno de científica soberbia no daba impresión alguna de que hubiese sido posible. Por un rato continuó dándole vueltas y más vueltas al hueso entre sus dedos, optando, en otras ocasiones, por contemplarlo de frente tras sucesivos y lentos giros de su muñeca. Una vez aparentemente satisfecha su curiosidad más inmediata, extrajo un pie de rey de su cartera de facultativo, lo midió y se decidió a continuar informando:

—Tiene ocho pulgadas cincuenta y seis céntimos.

Miró entonces a la concurrencia, para poder sentirse contento de la atención que se le prestaba, pues cada uno la reclama como puede, sin acordarse casi nunca de sentir gratitud hacia quien le proporcionó ese intenso y fugaz momento de su gloria; yo, en este caso. Luego se volvió hacia el amanuense, que tomaba notas a toda prisa, y advirtió con el tono más forense que encontró apropiado al momento, lugar y circunstancia:

—Ocho pulgadas cincuenta y seis céntimos, de acuerdo con el pie de Burgos, naturalmente —enfatizó—, unas seis de latitud en su mayor anchura y cuatro con treinta céntimos en la pubiusquiática.

Miró de nuevo en rededor y continuó como si la suya fuese la única voz sobre la tierra:

—El agujero subpubiano es triangular; de la cresta del íleon falta todo un tercio desde la espina anterior, en cuyo tránsito se observa magullada la sustancia compacta. Falta también el borde articular del pubis y su rama transversa presenta el borde inferior oblicuo y cortante.

Estaba redactando un informe forense y no tardé en darme cuenta. Aquello era ir aprisa y no lo que yo hacía por los caminos. Lo odié intensamente, pero él continuó impertérrito, satisfecho de su foral disertación:

—Este hueso es de color gris sucio y verdoso en su tercio inferior. Mirándolo con atención se observan en él, perfectamente delineados, filamentos que salen de su sustancia y flotan en las caras libres. No son más que vasos disecados. Estas circunstancias prueban que el hueso no fue extraído de osario alguno; es decir, que el cadáver al que perteneció no fue inhumado, o lo fue por poco tiempo. Sus partes blandas debieron de disiparse al aire libre, no hace gran número de años. Este hueso es de mujer, a juzgar por sus disposiciones anatómicas y según los datos de la osteogénesis, incontestablemente, y de mujer que excedía los veinticinco años de su edad. El color y el aspecto de sus caras articulares pertenecen a una edad madura porque en el viejo los huesos son grises, como en el adulto son blancos y en el niño son rojos; pero este hueso, rodando a merced de los aluviones, debió de sufrir diferentes posiciones que influyesen en su color.

Eso dijo.

Los dos guardias civiles que me custodiaban lo miraban con respeto y rendida admiración. El doctor Feijoo-Montenegro se sentía feliz interpretando su papel de científico serio y concienzudo. Yo lo observaba atento, debatiéndome entre la admiración y el odio, pues sabía de su dedicación a los enfermos, de lo querido que era entre las gentes alaricanas, también de sus afanes de escritor, en los que tanto se aplicaba con relativo éxito. Era consciente de que no me importaría parecerme a él. Posiblemente yo hubiese sido él, de no haber nacido en el seno familiar que me recibió al llegar al mundo.

Algunas veces, en Astorga, durante uno de aquellos mis periplos que ahora tanto añoro, asistí a varias funciones de teatro y pude deducir que los parlamentos largos no convienen a los actores pues, tan pronto como se exceden en sus peroratas, el público suele abuchearlos, haciéndoles perder comba, con lo que se privan a sí mismos de la comprensión de lo que se les estaba diciendo desde el escenario. Lo entendí mejor cuando algunos de los curas que yo visitaba me prestaron obras de teatro impresas, para que las pudiese leer. Haciéndolo me sentí distinto y mejor, y pude comprobar, al mismo tiempo, que en ellas los parlamentos eran breves e intensos, llenos de la agilidad de la que carecían las representaciones llevadas a cabo en los pueblos por los cómicos de la lengua a los que tanto me estaba recordando, en ese mismo momento, aquel pedante, engolado y pretencioso, que continuaba perorando sin atenerse a las consecuencias tediosas que empezaba a despertar, incluso en mí, que asistía con cierto regocijo a la explicación científica del resultado de una de las hazañas por las que seré conocido y pasaré a la historia.

—Determinar la altura del sujeto es algo complicado, pero se puede determinar de forma si no exacta sí aproximada, pues generalmente el coxal es al esqueleto como ochenta céntimos a seis enteros y veinte céntimos. Por eso, siendo el presente de ocho pulgadas y cincuenta y seis céntimos, debe de pertenecer a un cuerpo de sesenta y seis pulgadas treinta y cuatro céntimos, pie de Burgos; o en la talla de Rey, que difiere dos pulgadas y cincuenta y cuatro céntimos, por lo que bajando a la mujer sobre dos o tres pulgadas respecto del hombre, puede calculársele en cuatro pies siete pulgadas.

Así, con un par de cojones, si se me permite la expresión que tanto disgustaría a mi buen párroco. Pero lo cierto es que así era la finada, de esa altura y contextura exactas, las que el médico afirmaba sin asomo de duda. ¡Mucho lo admiraba en ese instante, mucho lo envidié! Era alto y hermoso, tanto que mirarlo me produjo, más que un escalofrío extraño, un hormigueo dorsal que me estremeció. A veces dudo que mi odio sea tan cierto como lo pretendo. Una vez sentenciado lo que antecede, añadió:

—Pero la naturaleza no está sujeta a reglas invariables y mucho menos lo es el cálculo tomado por este hueso, que es de los más sujetos a variaciones.

En ese momento empecé a entender por qué la maquinaria de la justicia, una vez puesta en funcionamiento y determinada a un fin concreto, es imparable. Funciona con fría precisión, la empujan vientos que vienen de muy lejos y soplan con fuerza contenida, pero que no cesa jamás. Son muchas y distintas las piezas que la componen, concretos y elevados los intereses que la condicionan en sus afanes. Y de no ser así, de amparar o de acogerse a intereses espurios, es ella misma quien los magnifica o quien les otorga la dignidad de la que carezcan a cada instante y sea considerada necesaria, cuando no imprescindible. Alguaciles y guardias, carceleros y abogados, jueces y magistrados, policías y forenses, la propia sociedad, todos ellos, por junto o por separado, se purgan en aquellos que conculcan las normas y, lo que es peor, lo hacen con las mismas armas que repugnan. Es inútil oponerse a la fuerza de tamaño aparato, a menos que formes parte de él, porque sólo entonces se siente en la obligación de protegerse; y únicamente entonces lo hace protegiéndote. No era ni es ése mi caso. Al ser consciente de ello, la sombra de todas las hermanas García, también la de Antonia Rúa y las de sus hijas Peregrina y María, tantas otras más, la de Manuel Ferreiro, las de Manuel Fernández y Luis García, o la de María García, por citar algunas de las que me acuerdo ahora, se me antojaron presentes.

Lucía su largo e insufrible parlamento el marido de doña Micaela y reproducía yo en mi mente la secuencia de algunos de mis hechos más afortunados, ufano de haber llegado indemne hasta el juzgado de Nombela, señor de mis actos y dueño de vida, vencedor del aparato terrible de la justicia, al menos durante unos cuantos años.

El episodio de la muerte de Vicente Fernández, el alguacil de León al que encontraron difunto en Tremor de Abajo, siendo agosto del cuarenta y tres, me vino también entonces a la memoria. De los efectos de aquella muerte escapé a tiempo, no me quedaba otro ni mejor remedio, y no pudieron sacarme ni una palabra, pero me condenaron en rebeldía a diez años de presidio con retención, sin perjuicio de oír lo que yo tuviese que decir cuando me encontrasen o bien yo acordase presentarme a ellos.

El tal Vicente había salido en mi búsqueda, acompañado del comisionado para la ejecución, a fin de llevar a cabo una antigua orden de embargo, dictada contra mi tienda ambulante. La orden había sido decidida hacía tiempo por el juez, a instancias de Miguel Sardo y Compañía, del Comercio de la Plaza, es decir, de la plaza de León. Sin embargo, hacía ya tiempo que yo había pagado lo que en ella se me reclamaba, de lo que al parecer Sardo no había dado cuenta al juez una vez que hubo presentado su reclamación ante él. Se nota que o bien realmente se le pasó dar noticia de que ya había cobrado el completo de la deuda o bien que quería abusar de mi persona, cobrándome en dos ocasiones lo que ya le había sido pagado en una, a fin de embolsarse su importe. A veces pasan estas cosas.

Me encontraron a mí en Pardavé, y al alguacil, a Vicente Fernández, lo encontraron muerto en Almagariños. Yo no le debía nada a Miguel Sardo, ya lo dije, y no iba a quedarme sin el producto de mi trabajo, así que no le pagué nada al comisionado cuando me lo reclamó, y con el recibo que tenía en el bolsillo, que demostraba que ya había abonado mi deuda, regresé a Pardavé e hice que el alcalde levantase la orden de embargo.

Mal suponía yo que el alguacil, luego de haberme buscado a mí y de haberme encontrado, mientras yo me acercaba con el comisionado hasta Pardavé a fin de solventar este asunto, se había encontrado con otro tendero, paisano mío, que fue quien le debió de dar muerte en pago de alguna antigua deuda personal, posiblemente un asunto de faldas, quién sabe; aunque yo lo sospeche, si no, no lo diría. Mi paisano lo debió de matar esperando que la definitiva y así impuesta ausencia del alguacil hiciese sospechar que se había largado con el dinero del embargo. De mi embargo. Pero una perrita de aguas y un maragato que descubrió el cadáver, gracias a los gañidos del animal que había seguido al alguacil sin que el Vilarelle le concediera la menor importancia, pues era un torpe que no reparaba en nada, echaron por tierra sus propósitos, que dedujeron míos, pues así es de ciega la justicia cuando se empecina en algo. Lástima. Tuve que dejar de ir por allí, bien que lo sentí; aquélla era una buena zona de ventas.

Cuando me interrogaron de nuevo sobre este asunto, ya en Allariz, una vez que me trasladaron a su cárcel desde la de Toledo, cargué de nuevo las culpas en José Vilarelle, de Caldelas, como no podía ser de otro modo.

La cárcel de Allariz está en el edificio que fue sede del colegio de la Asunción, regido por los jesuitas, y nadie me asegura a mí que no me hayan tenido preso en la misma estancia en la que quizá purgase algún castigo el padre Feijoo, que estudió en él hasta los catorce años de su edad. Acaso fuese por culpa de una mala traducción de Virgilio, de un verso de La *Eneida* que se le atragantase, o de una redacción que se insinuase herética, pues al fin y al cabo era ilustrado, Dios lo confunda también a él, tío abuelo de este Vicente María que tanto me irrita ahora, con sólo pensar en su prosapia, en la buena cuna en la que vino al mundo, en la suficiencia con la que se expresa a cuenta de mis actos.

Malaespina, Feijoo y yo mismo, el Hombre Lobo, purgando penas en los mismos lugares, bien sea por motivos muy distintos, pero los mismos en esencia, pues es el mismo afán y no otro el que nos movió a los tres a escapar de una normalidad que sin duda se nos antojó aburrida. Y fue también el mismo afán de mejora el que nos decidió, aunque el mío me determinase tan sólo a hacer lo que hice, no a mejorar la humanidad o a fijar mejores las metas que la mueven. ¿Qué otra cosa podía hacer, ayuno de formación y de capacidad de acceder a la vida militar, que intentar hacer dinero? Dinero es lo único que podemos hacer los que no tenemos nada. La vida suele ser una concatenación de errores dispuestos de tal modo que unos disfrutan gracias a ellos lo que otros purgan. Y lo es de una manera que no debe ser considerada insólita.

De José Vilarelle, mi paisano de Caldelas, dije lo que tenía que decir. Volví contra él la acusación que se tenía contra mí. Dije que me había dejado su tienda para evitar que se le quedase con ella la justicia, lo que no era mentira, pues la tenía embargada y prefirió perderla, dándosela a un paisano antes que al alguacil leonés que lo buscaba. Fue en vano. La acusación venía cargada contra mí, pese a que Vilarelle fuese de mi misma condición, pese a que yo hubiese presentado el recibo que justificaba el importe por el que se hacía el embargo y, también, pese a que organicé un buen lío con mis alegaciones para que se enmarañasen en ellas. A lo mejor fue eso. Los obligué a pensar.

Vilarelle vestía igual que yo; es decir, calzón corto, calceta o media de lana blanca, en cuerpo de camisa, un pañuelo encarnado a la cabeza y una manta sajona de caballería al hombro, colgada de un palo. Así vestido, se había acercado a la taberna de María García, en Brañuelas, recién salido el sol. Le preguntó a la tabernera si tenía vino y algo que comer y ella le respondió que pimientos y media libra de pan, de los que le alcanzó dos de aquéllos y algo de éste, junto con medio cuartillo de vino.

Esto lo sé porque acabaron dejándome leer las declaraciones de la tabernera, que dijo que el visitante, es decir, yo —hay que tener imaginación, o maldad, o dejarse llevar por la apariencia del vestido—, iba mojado de las rodillas para abajo, por lo que ella preguntó cuál era la razón de aquella mojadura y parece ser que yo le contesté que la culpa había sido de un caballo que traía y que se me había escapado, después de haberlo dejado paciendo, por lo que lo había perseguido por el monte durante toda la noche, hasta que lo encontré retozando con las yeguas del pueblo. Después de dada la explicación y como viese que ella asentía, aceptando lo dicho, él, Vilarelle, al que confundió conmigo, Dios la bendiga, le pidió que le prestase una sartén para ir a freír los pimientos y ella se la dejó, pero pidiéndole en prenda diecinueve reales.

Eso debió de ser lo que encaminó las culpas en mi dirección. Imagino. Pensarían, supongo, que utilizaría la sartén para diluir las mantecas del alguacil, pero ¿cómo iba hacerlo sin haberlo diseccionado a fin de extraérselas? Pasadas unas cuatro horas regresó el Vilarelle con la sartén; regresé yo, según ellos sospechan y afirman sin dudar; recuperé mi dinero y salí corriendo, vestido ahora con capa roja y un sombrero calañés en la cabeza, montando un caballo de pelo rojo, aparejado y con una estrella en la frente, y unas alforjas encima de otro que traía de reata, tuerto del ojo derecho. Salí corriendo, sí, pero no sin antes haber llenado una bota que saqué de la alforja con dos cuartillos de vino que al parecer pagué puntualmente. Salí huyendo, camino de Villacatón, preguntando si era por allí por donde se iba a Jarandilla, pero se ve que la tabernera no supo informarme y me recomendó que preguntase en Villacatón.

Después de que yo hablase, continuaron ellos y me leyeron las declaraciones de gentes varias; reconozco que no tendría sentido el que las recordase ahora. Pero en todo caso la triste conclusión es que, para una vez que dije la verdad, nadie me creyó. Sólo en última instancia, una insinuación del médico, el recuerdo de cuya actuación tanto me estaba irritando hasta hace un momento, indicando la conveniencia de comprobar la existencia o el pago de la deuda a don Miguel Sardo, del Comercio de León, sirvió para algo. Se ve que el galeno viene de gente acostumbrada a pensar y a la que no le causa extorsión alguna el hecho de volver a hacerlo. También se nota que es gente acostumbrada a inducir en los demás la reflexión, pues lo consiguió sin más que serenar la voz y templar el ánimo propio a la vez que los ajenos. El caso fue que, una vez consultado, don Miguel Sardo declaró, cuando recibió requerimiento para que lo hiciese, que sí, que yo había sido deudor de seiscientos reales al comercio de la casa de Alonso y Sardo, pero que la deuda había sido pagada por mis hermanos, que corrían el país igual que yo, lo que pareció exculparme de mis penas, pero aún no tengo noticias de que así haya sucedido.

Fue en ese momento cuando comprendí, una vez más y nunca suficientemente, que si la justicia se determina a algo no hay quien la detenga. Por ello decidí repetir lo que ya había dicho en Verín, luego en Allariz, que fue adonde primero me trajeron desde Nombela, partido judicial de Escalona, provincia de Toledo, como ya se sabe, cuando me interrogaron acerca de por qué me había cambiado el nombre. En aquella oportunidad salí por donde pude, pues tal era el lío de preguntas y respuestas que se me había organizado en la cabeza, a cuenta de tener que declarar aquí y allá, a unos y a otros; acerca de unos muertos de más y de otros de menos; acerca del porqué de un nombre y no otro; acerca de mil y una cuestiones, que acabaron por superar mi capacidad de retención hasta que salí por donde pude; hasta que tuve una iluminación y la seguí.

Fue lo mismo, exactamente lo mismo, lo que repetí en Verín, lo que habría de volver a decir más tarde en Allariz y aun también después, en el juicio, cada vez que me urgieron a que lo hiciese, pero no en el justo momento que ahora evoco, estando en O Corgo do Boi, después de haberle alcanzado el huesecito al doctor, porque entonces tenía delante de mí a un espectador atento, al parecer preparado, que suscitaba el respeto de todos los presentes, y deduje, creo que con oportunidad extrema, que si exageraba la representación de mis males o simplemente me excedía en su descripción, haciéndola pormenorizada, como sin duda alguna me vería obligado a hacer, podría ser descubierto mi engaño de modo irreparable, porque el doctor es un extraordinario conocedor del alma humana, como luego habría de quedar en evidencia. Si él me creía, estaría a salvo; pero si mi interpretación no le convencía, podía dar por seguro que mi vida estaría definitivamente puesta en peligro. Y no me atreví, creo que de forma acertada, a afrontar la prueba.

En Verín, al ser preguntado acerca de por qué había cambiado mi nombre por el de Antonio Gómez, vecino de Nogueira de Montederramo, y en Nombela delante de su alcalde y del juez de Escalona, olvidando la realidad del episodio del alguacil y la del ambiente creado con la desaparición de las hermanas García, respondí que había sido para ocultar el mío verdadero, no por ninguna otra razón.

Lo dije así, poniendo una cara que deseé acartonada, rígida, impávida, inexpresiva, con la mirada perdida en alguna impredecible lejanía; una cara en la que ni yo mismo me pudiese reconocer de disponer de un espejo en el que poder observarla; tan distante era su aspecto; tan ajena su expresión a la mía habitual, que no tuve dificultad en creerme yo mismo las afirmaciones que habrían de seguir a aquella inicial. Había cambiado mi nombre para ocultar el verdadero. Nada podría ser más cierto. Tampoco dicho de modo más conciso.

Luego, con la cabeza ligeramente ladeada, en un bajo tono de voz, sin vacilación, pero tímida y cautelosamente, como si con mi actitud esperase el enmudecido eco que habrían de despertar mis palabras, afirmé que desde trece años antes, es decir, desde que me había echado a los caminos y hasta el día de San Pedro de 1852, por efecto de una maldición de alguno de mis parientes, que no sabía si sería de mis padres, de mi suegra o si de alguien más, quizá también por el hecho de ser el séptimo hermano varón de los nueve habidos por mi padre, había traído una vida errante, cometiendo diversos asesinatos a los que no pude ni supe sustraerme porque la maldición me compelía a realizarlos. ¡Cómo lloré confesando mis cuitas! ¡Cómo me estremecí cuando afirmé que concluía mis hazañas alimentándome con la carne de mis víctimas! Afirmé que me las comí yo solo, la mayor parte de las veces, pero unas veces solo, otras en compañía de dos sujetos que solían asociárseme, uno de ellos un valenciano, llamado don Genaro, y otro más, llamado Antonio, que tampoco era de nación gallega, como yo, sino de un pueblo muy distante del de don Genaro, de por Alicante, creo recordar, objeto ambos de una maldición idéntica a la que a mí me tenía sometido.

Lloré todo cuanto quise en el acto de confesar mis crímenes y de adjudicarme algunos otros que no había cometido, pero que no añadirían nada a la condena, sino tan sólo confusión a la hora de juzgarme: el del alguacil leonés, por ejemplo, acerca del que existirán dudas sobre quién fue su verdadero autor hasta el día del Juicio Final, gracias a mis deliberadas vacilaciones y a la confusión que hice surgir con ellas, pero también a la negligencia del juicio establecido.

Les hice saber, entre sollozos, que hasta poco antes de que me acometiese la maldición había vivido, como ya dije, en Rebordechao, ayudando al cura y al sacristán, dirigiendo el rezo del rosario, cosiendo trajes, hilando, calcetando, cardando lana, o yendo y viniendo a Chaves para comprar los pañuelos que vendía, pues entonces ya tenía yo mi tienda establecida y ya acudían a ella las mujeres del contorno o bien la trasladaba yo hasta sus casas. Mucho me guardé de advertir de mi enorme afición a la lectura, aun de las piadosas, y de cómo entretenía las largas horas del invierno leyendo los libros que el buen cura me dejaba, retirándolos de su surtida biblioteca. Les hablé de mi tienda y mis afanes, de mis habilidades con las manos, de los primores que yo era capaz de conseguir sobre un bastidor de bordado en el que hubiese dibujado previamente unas flores delicadas, o también con una aguja de *crochet* en las bocamangas de las albas de los curas, y de lo feliz que esto me hacía.

Les hice saber que si hasta allí y hasta las faldas de Manuela había llegado, había sido escapando de los peligros derivados de los asesinatos de otras mujeres que había hecho desaparecer, a lo largo de los meses anteriores, desde que me había afectado la maldición. Mucho les impresionó lo que les dije y mucho corrió la voz de mis respuestas.

Sé que se cuenta, por poner un ejemplo, que cuando el médico Feijoo me preguntó a que creía yo que se debía mi maldición le respondí:

—A que soy el séptimo de los nueve hijos varones que engendró mi padre.

A lo que él, rápido como un rayo, me respondió:

—No consta documentalmente que usted tenga ocho hermanos.

Lo que era cierto, pero como no era mentira que los que tenía eran todos varones, le respondí sin enfado:

—Es que los demás son bravos.

Pero entonces aún no habíamos tenido esa conversación. Entonces, cuando estábamos en O Corgo do Boi, todavía no habíamos hablado a solas el médico Feijoo y yo, y ésa fue una de las razones por las que no me decidí en ese momento a sacar el tema, ilustrándolo, y me limité a recordar todos los extremos de mis afirmaciones primeras. No quería hablar de él delante de don Vicente Feijoo.

Recordé que cuando me preguntaron en Nombela si, advirtiendo la tendencia de la que afirmo estar poseído, se la había revelado a alguien, dije que no, que a nadie se la había comunicado, sino que por el contrario procuraba andar con mucho cuidado para que nadie me la descubriese.

—¡Ah, qué tristeza la mía!

Suspiré entonces. Cualquiera que me observase me podría considerar conmovido por mi propio relato y abrumado por el peso de mi historia tanto como por el de mi maldición. Tan afligido me mostré en el momento de continuar relatando cómo, durante mucho tiempo antes del que iba a describir, había sentido no ganas, sino incluso necesidad de comer carne humana. Esa necesidad me había durado semanas, les dije, mientras comprobaba cómo ellos iban anotando todas y cada una de mis palabras, o al menos eso me pareció a mí, pues sospecho que los más asistían aterrorizados al relato de mis hazañas, al tiempo que incapaces de sustraerse a él.

Les conté, entonces, llevado de mi iluminación primera, en la que tanto habría de persistir, pues tanto me ha valido, que, en una oportunidad de la que no podría precisar la fecha, yendo de camino a través del Val de Couso, al poco tiempo de haberme salido un lobo grande al encuentro, luego me salió otro, al poco rato, más pequeño y a todas luces más joven, que me pareció que me había hecho, un guiño. Este segundo, que, sin saber cómo lo había hecho, juzgué más cercano a mi edad e intenciones, fue el que provocó en mí, luego de su guiño, una sensación extraña. Sentí así un insoportable deseo de desnudarme, lo que hice, aun a pesar de no querer hacerlo, pues era un deseo el que me dominaba contra mi voluntad, algo superior a mí, que me forzaba a quedarme tal como Dios me había echado al mundo.

Me desnudé y cuando me supe desnudo, con toda calma, escondí mis ropas debajo de unas ginestas. Después descubrí un lodazal en medio del camino y me dirigí a él. Me gustaba sentirme desnudo. No gritaba, ni gesticulaba, limitándome a observar el suelo, hasta que descubrí en él las huellas de unas pisadas que de inmediato supe testimonios del paso de los dos lobos que se me habían aparecido no hacía mucho. En ese momento me sentí atraído hacia el barrizal y me tumbé sobre él de espaldas, antes de empezar a revolcarme, para que el lodo, todavía húmedo a causa de la lluvia de los últimos días, fuera recubriendo mi cuerpo.

Era una sensación placentera y opuesta, y por completo distante de la que había sentido al haberme desnudado. Continué revolcándome en el lodo y en uno de mis giros me pareció ver cómo me observaban los dos lobos de hacía un rato, pero no les hice caso y continué solazándome en el barrizal. Hasta que de pronto me vi corriendo, ligero, desposeído de toda gravedad, al lado de los dos lobos. Corrí con ellos hasta llegar a un río, mientras iba reconociendo los lugares que tan a menudo transitara y reconocía como paso obligado de los lobos. Lo eran. Lo supe cuando, antes de cruzar el río, miré en sus aguas y me vi convertido en uno de ellos. No me asusté. Seguí corriendo.

Así anduve en compañía de mis dos nuevos amigos, durante cuatro o cinco días, hasta que al cabo de ellos e impensadamente los tres volvimos a nuestras formas de personas. En ese momento fue cuando conocí a don Genaro y a Antonio, quienes me dijeron que hacía ya tiempo que padecían aquella desgracia, lo que me convenció de que yo era víctima de una maldición. Don Genaro me dijo que era oriundo del reino de Valencia, pero en otra ocasión afirmó que era castellano. La verdad es que no presté mucha atención a tal detalle, confesé. De Antonio creo haber dado a entender que era de Alicante.

No matamos a nadie durante aquellos días. Cuando me preguntaron por qué, se me ocurrió decirles que probablemente había sido a modo de ejercicio de resistencia, algo para probarme o para habituarme a aquella corporeidad que de momento no deseaba, pero que al recordarla se me hacía grata, pues grato era el hecho de sentirse libre, corriendo por los montes, según me dictaba el que creía un nuevo instinto, al que durante aquellos días me había habituado sin dificultad alguna.

Después de esa primera experiencia no sentía miedo a convertirme de nuevo en lobo, les dije, pues me había resultado placentera y algo me indicaba que mientras lo fuese, por efecto del hado o maldición, no se me había de prender, ni habría bala o daño alguno que me pudiese abatir.

Volví a convertirme en lobo, les aseguré, en otras muchas ocasiones. Siempre con don Genaro y Antonio. Recorríamos distancias increíbles y solíamos permanecer en nuestro estado ocho, nueve, a veces quince días, también más, pues creo recordar que en más de una oportunidad la transformación nos redujo a nuestra condición de lobos durante meses. Durante ellos asesinábamos a cuanta gente encontrásemos en el camino, pero también a otra que apartábamos del rebaño humano, por procedimiento semejante al de los lobos que éramos y que, sin saber cómo, habíamos aprendido.

Cuando me preguntaron con qué armas los matábamos, puse expresión compungida y afirmé que con ninguna, pues nos bastaban nuestras fauces de lobos para hacerlo. Nos lanzábamos directamente a sus gargantas y las degollábamos de una dentellada; luego nos comíamos su carne entre los tres, pues con uno solo era más que suficiente.

Hubo un guardia civil que en ese momento no se pudo contener y me arreó un bofetón que me tiró de la silla, pero el juez le reconvino:

—Como vuelva a hacerlo se busca usted su perdición —le aseguró muy serio—; el reo está declarando y usted no debe interrumpir el proceso.

Después se volvió al que tomaba nota de todo lo que yo decía y le ordenó que continuase haciéndolo con toda exactitud, pero que omitiese el incidente porque si no tendría que abrirle un expediente a aquella mala bestia. Me abstuve de mirar a uno y otro, al juez ecuánime y al guardia civil vehemente, con los ojos que se merecían; agradecidos, a aquél; cargados de odio y amenazadores, a éste.

La intervención del juez me dio nuevos ánimos. Iba por buen camino. Por eso continué afirmando que, al regresar a nuestra forma humana y recordar los hechos, llorábamos amargamente por haber cometido aquellos crímenes a los que nos habíamos sentido impelidos muy a nuestro pesar e incluso contra nuestra voluntad, llevados de un insaciable deseo de comer carne humana.

—¿Y aún persiste en usted ese deseo? ¿Aún le duran esos síntomas? —me preguntó el juez muy seriamente.

—No, señor juez —le respondí—; gracias a Dios desaparecieron a partir del día de San Pedro de 1852, exactamente, creo recordar. Por eso estoy aquí; si no me hubiesen desaparecido todavía continuaría libre, comiendo carne humana a placer, Dios me perdone.

En ese momento, sentí que el guardia civil que me custodiaba se encolerizaba de nuevo y cuando iba a realizar un acopio de voluntad para mantener el gesto sereno y aceptar el castigo, fingiendo una aceptación que conmoviese al juez, éste se me adelantó impidiéndoselo al reconvenir al guardia:

—¡Ni se le ocurra! —le dijo.

Y continuó interrogándome.

Volví a fingir mansedumbre, también desafección, con tal de prestarle a mi actuación las necesarias dosis de credibilidad de las que sin duda estaría necesitada. No tenía más escapatoria que la de fingirme un loco ignorante capaz de creerse un lobo para así poder justificar mis crímenes.

El juez estaba muy impresionado por mi declaración. Parecía interesado tan sólo en que le describiese las sensaciones que experimentaba en los momentos de cometer las muertes y los recuerdos que permanecían fieles en mi memoria. También parecía interesarle el hecho de que aceptase haber cometido todos los crímenes de los que se me acusaban y aun alguno más.

—Pero, señor juez, y la ropa... y la ropa... —interrumpió otra vez el guardia antes de que el juez lo mandase callar de nuevo, esta vez de modo fulminante.

—¡Cállese de una vez! —le gritó desaforado—. O aténgase a las consecuencias —concluyó ya más calmado.

Luego continuó interrogándome.

Pero el guardia tenía razón. Si nos lanzábamos directamente al cuello a fin de degollarlas, yo el primero, ¿cómo era que después aparecían las prendas de las víctimas repartidas por toda la comarca y vestidas por otras personas, por el cura de Rebordechao, por ejemplo, según ya creo haber hecho evidente?

Lo cierto es que a mis víctimas las mataba y que siempre las desnudaba. ¿Cómo no iba a hacerlo? En ocasiones, las dejaba antes en cueros y luego las mataba; en otras las mataba por sorpresa y las desnudaba de inmediato. A veces lo hacía por sorpresa y otras pidiéndome ellas a voces que les perdonase la vida; pero, en todas ellas, ¿cómo no desnudar a mis víctimas, antes o después, para extraerles las grasas que iría a vender a Portugal, para que con ellas hiciesen sabe Dios qué, si jabón para las damas, si pócimas los boticarios, si extraños ritos realizados por las gentes más insospechadas?

No comí nunca carne humana, eso lo confieso y creo que debo ser creído, pero no niego que el misterio de la vida, el conocimiento de la extraña y compleja maquinaria que nos mueve, se me antojasen próximos cada vez que diseccionaba unas nalgas de mujer, un vientre pletórico, unos muslos almohadillados, una colgante papada como de vaca o puerco, a fin de extraer las mantecas. También confieso que alguna curiosidad sí la tuve, que siempre me intrigó saber si el sabor de nuestra carne recordará o no a la del cerdo con el que tanta gente acostumbra a relacionarla. Pero nunca la satisfice. Ahora creo que me arrepiento pues, si han de acabar por ajusticiarme a causa de mis crímenes, me iré de la vida sin haber satisfecho esa curiosidad que no pocos juzgarán insana y que yo estoy convencido que alimenta y nutre las más de las ocultas ansiedades de los hombres.

Llevado de ese afán, que confieso sin pudor, pero también del de incrementar ganancias, iba despellejando los cadáveres, pausada y escrupulosamente, hasta rebañar de ellos los últimos gramos de grasa que ofreciesen. Así hasta que, llevado de un extraño paroxismo, los descuartizaba. Quizás en ese momento probé la carne. No lo sé. Hasta es posible. Luego iba esparciendo sus porciones en los lugares en los que sabía que habrían de ser devorados por los lobos. ¿Cómo confesar esto? ¿Quién lo entendería? ¿Y para qué?

La atenta mirada del juez, la repugnancia que sentía el secretario, la mano temblorosa del amanuense que tomaba notas de todo cuanto yo dictaba, el odio visceral y asesino que sentía uno de los dos guardias presentes en la sala del juzgado, en el momento en que yo declaraba mis maldades, componían un cuadro indescriptible. Quien más reclamaba mi atención era el guardia cuya intuición le avisaba de mi entidad real. Lo hacía mucho más aún que la del juez, que inducía a éste a creerme un loco, poseído aún no sabía de qué extraño sortilegio o campesina superstición. Ambas reacciones, fácilmente observables, me indicaban que no estaba errando en mis apreciaciones ni en mi interpretación, pues el juez la creía; tanto que empecé a sospechar que el supersticioso pudiera ser él. Pero a fin de no excederme callé lo que ahora hago manifiesto.

¿Se hubiese estremecido alguno de ellos de haberles confesado que también yo me desnudaba? Lo hacía para evitar que mis ropas se manchasen con la sangre de mis víctimas. Pero debo reconocer que el hecho de verme desnudo delante de la todavía cálida desnudez de ellas, fuesen hombres o mujeres, jóvenes o viejos, me dotaba de la energía y el calor suficientes, del valor necesario para llevar a término cualquier ocurrencia que me viniese a la mente. Después no es que buscase un barrizal, pero sí cualquier curso de agua, la misma nieve si era invierno, para lavarme de esa misma sangre en la que había acabado por rebozarme.

Estando en O Corgo do Boi, llegado el último momento, el decisivo, aquel que una vez superado haría imposible la vuelta atrás, tampoco me atreví a recordar en voz alta nada concerniente a ninguno de mis relatos como hombre lobo. Reconozco que algo me avisaba que no debería hacerlo delante del médico Feijoo, teniéndolo a él como personaje central y decisorio de todo cuanto ocurriese en su presencia, pues no olvido que su aspecto severo, de hombre no sólo íntegro sino también inteligente, me causa desazón, basta con que lo recuerde. Entonces también me la causaba.

Estando en O Corgo do Boi, ignoro qué me hizo intuir que cuanto menos hablase delante de él, menos me equivocaría. Todavía ahora pienso así. Pero ahora él ya no decide nada.

¿Cómo hablar y provocarla, sabiendo que la mirada del médico habría de ser como había sido la del guardia civil? Recuerdo ahora, una vez más, la mirada de este ignorante y zafio servidor de la ley, como propia de alguien enfurecido que apenas es capaz de contener su enojo, de reprimir sus emociones ante todo lo que lo sobrecoge. La ira había vuelto a invadir su ánimo cuando, sin alzar la voz y presentándolo como lo más natural de cuanto pudiésemos hacer, afirmé que una vez consumados nuestros crímenes, al volver a nuestra figura humana, tanto don Genaro como Antonio o yo mismo regresábamos al lugar donde habíamos depositado ocultas nuestras ropas y nos las vestíamos. Intuyó la posibilidad de que tuviésemos que andar leguas y leguas, desnudos por el monte, en busca del refugio de nuestra vestimenta, y simplemente no la creyó. El médico tampoco la hubiese creído. El juez simplemente la pasó por alto, y yo, para dar verosimilitud a mi relato y crédito a mi arrepentimiento, volví al aire compungido de hacía unos minutos y relaté con toda exactitud y puntillosamente el beneficio derivado de algunas de mis fechorías.

A cambio de la capa del finado José, hijo de Josefa García, conseguí setenta reales, una vez que se la vendí al párroco don Pedro Cid con consentimiento. Aún la conserva don Pedro. Me lo aseguró el otro día, cuando vino a visitarme. Se ve que es de buena calidad, me dijo. Debe serlo. Si lo recuerdo bien, di cuenta de Francisco el doce de octubre de 1850. Ya han pasado años. Por una chaqueta y unos pañuelos de Josefa y por una colcha y unos pañuelos de Benita, ya no recuerdo exactamente cuánto, pero sí que la colcha se la vendí a José Gómez Edreira por cincuenta reales; la chaqueta, al ama de la posada de Fonte do Oso, por seis o siete; los pañuelos, a varias vecinas de Mazaira, Gaoin, Paredes y otros lugares; una saya de Benita y tres camisas suyas las vendí en Froira, y de Josefa me hice con ciento veinte reales más que llevaba encima cuando la maté.

Unos días antes de que la matase, Josefa y yo habíamos ajustado una vaca en doscientos sesenta reales, pero no llegué a pagársela, claro, a pesar de que se la vendí, junto con su ternero, a un vecino del lugar de Tamicelas que se llamaba Jacobo. A Josefa debo recordarla con cariño. También unos días antes me había entregado diez ollas de vino y cuatro ferrados de maíz. Después de matarla aún fui por su casa y me llevé cuatro ferrados de castañas secas, una sartén, una cuchara y unas sogas para uncir las vacas, hasta una que llamamos *timoeiro*. Las sogas de las vacas se las vendí por ocho reales a José Pérez, en tanto que el timoeiro me sirvió para hacerle una cincha y una retranca a mi propio caballo.

Podría haber continuado, durante horas y horas, describiendo por lo menudo el producto de mis ventas, los beneficios obtenidos en todas y cada una de ellas, pues así de prodigiosa se muestra mi memoria. Pero la presencia del guardia civil, su mirada llena de iracundia, incluso la posibilidad de que me causase dolor con sus reacciones, dado lo sensible que soy a él desde pequeño, todo, todo contribuyó a que en esta ocasión silenciase, incluso, la muerte de María Antonia Rodríguez, ocurrida el veintiocho de abril de 1849, que en otras ocasiones habría de atribuirme a fin de despistar, como ya advertí que hice en varias otras oportunidades.

Esta María era de Soutogrande y efectivamente fue comida por los lobos, en la mañana de ese día, estando en las inmediaciones de Tradell. Silencié su muerte y también la de Josefa Arias, en Fornelos, muerta por un lobo mientras estaba pastoreando su propio ganado, detrás de la iglesia, a las cinco y media de la tarde del doce de mayo de 1849. Las dos me las había atribuido, en la declaración primera, como llevadas a cabo por mí, en mi condición de lobo, con objeto de confundir, como ya advertí y dado que las sabía consecuencia real del ataque de lobos que sí lo eran.

Las pasé deliberadamente por alto, temiendo el bofetón del guardia, a pesar de que en caso de que éste me hubiese preguntado cómo era que tenían puestas sus ropas y no habían sido robadas, le hubiese respondido al tiempo de protegerme con el brazo:

—Es que sentí llegar gente y hube de escapar corriendo.

Como ya había hecho otras veces, con lo que muy probablemente me hubiera ganado otra bofetada, pero hubiese tranquilizado al juez. En todo caso vale más un mal apaño que un buen pleito. Entre médico y guardia civil llegaron a inquietarme. Son los únicos que lo consiguieron. Ahora, su sola mención me pone en alerta. Lo confieso. También que los demás me parecen infantiles. Gente indecisa que se agarra a sus verdades sin intentar desvelar, y mucho menos comprender las mías.

4

El hecho de llegar hasta la cárcel de Allariz supuso una aventura. Incluso yo, que sé cómo vienen y van las noticias, cómo circulan, qué viento las trae y cuál las lleva, incluso yo, me sorprendí de la expectación que mi apresamiento había causado.

Había un enorme gentío esperando mi llegada. Gentes diversas y exaltadas, labradores pobres la mayoría, que cuando me vieron aparecer llenaron el aire de insultos. Hubo quien intentó agredirme y, como suele suceder, las más violentas fueron las mujeres. Yo simulé tranquilidad en la medida en que me fue posible. No sé si lo conseguí en todo momento, supongo que no, que en más de una ocasión trascendió mi ansiedad por atravesar cuanto antes el umbral de la puerta de la cárcel. Mientras me acercaba a ella, recibiendo empellones y siendo consciente de que los números de la

Guardia Civil que me custodiaban no ponían mayor empeño en su labor, aunque sí la suficiente, no más, pero sí ésa, las fui contemplando a todas ellas, a aquella jauría de fieras desbocadas, procurando imprimirle a mi mirada la candidez o la violencia, también la lujuria que las suyas me fuesen reclamando pues, al contrario que en nosotros, todo es posible en ellas, también en sus voces, qué decir en sus gestos, y, así, cualquier sentimiento, cualquier obscenidad puede asomar en su mirada, surgir en su boca, determinar sus ademanes. Los hombres eran menos y, los más de ellos, permanecieron distanciados, como observándolo todo desde lejos. Algunos de ellos se atrevieron a gritar:

—¡Muera el Saca Mantecas!

Pero las más mujeres recurrieron a expresiones soeces que tenían que ver con la condición que me suponían, con la que me deseaban o con la que le adjudicaban a mi madre, pero en ningún caso me llamaban Hombre Lobo, supongo que porque nadie de entre la gente de las aldeas que yo visitaba había calado mi intención. Me reprocharon a gritos que vendiese grasa humana, que me excediese en mis ganancias para que las señoritas portuguesas se lavasen sus partes más pudendas, me llamaron ladrón o maricallo, pero nunca Hombre Lobo.

Reconocí a Bárbara entre la multitud. Seguía siendo hermosa. Hacía tiempo que no la veía, y volví a desearla. Siempre deseé a todas las hermanas como si ejerciesen un maleficio sobre mí del que no pudiese librarme. Y así debió de ser. Si no hubiese matado a las que maté no estaría donde estoy. ¿Qué hubiese sido de mí si no lo hubiese hecho? Pues quizá que entre todas hubiesen buscado mi perdición por otros caminos. Me hubiesen sometido, convirtiéndome en un juguete en sus manos, bueno tan sólo para hacer dinero, para tratarlas como a princesas altivas; hubiese sido su esclavo. Por eso resolví matarlas. Lo que sobra son mujeres.

En medio de aquella pequeña multitud, Bárbara era la que más incitaba a los gritos, la que llamaba a los hombres a la acción, despreciándolos por su pasividad, la que provocaba la ira femenina, clamando como una poseída por la furia del abismo. Lo hizo con tal empeño que algunos hombres comenzaron a acercarse con intenciones que se pudieron intuir fácilmente peligrosas. Entonces la Guardia Civil blandió sus escopetas, avisando así de la solidez de las culatas con las que, al parecer, estaban dispuestos a golpear de forma inminente al mujerío más cercano, a los varones que amenazaban con aproximarse. Entonces se produjo un breve y contenido silencio, a modo de pasmo colectivo, que por un breve instante nos permitió seguir avanzando hasta acercarnos algo más a la puerta de la cárcel. Pero enseguida volvió a rugir la indignación por boca de la gente congregada para ver al Saca Mantecas.

—¡Asesino de niños! ¡Hijo de puta! —pude oír como gritaba Bárbara intentando enardecer aún más los ánimos de las gentes—. ¡Asesino de mujeres!

—continuó luego gritando—: ¡Mataste a mis hermanas, cabrón!

Hasta ese instante, me había mostrado siempre sumiso y atemorizado, pero entonces, al ver la actitud de la gente, comprendí que sólo me debería mostrar así con aquellos que aceptasen o que al menos dudasen de mi condición de hombre lobo, para que viéndome infeliz e incauto, desgraciado y pobre, se aviniesen a disculpármela; pero que debería exhibir otra actitud, agresiva e incluso de marcada fiereza, insolente y destemida, delante de los que no la aceptasen, provocándolos con ella, si quería que al menos la considerasen como cierta y por ello peligrosa y merecedora si no de respeto, sí de prudente alejamiento. Eran los dos únicos modos que tenía, que tengo, de hacerla patente, quizá de ser yo mismo. En ese momento mi mirada se tornó desafiante y llena de fiereza, altiva y algo solemne, como el gesto que ensayé y sobrecogió a más de uno.

Uno de los guardias me empujó aprovechando el repentino pasmo que provocó mi gesto, y nos vimos dentro de la cárcel.

—¿Es que no te arrepientes de tus crímenes? —preguntó entre incrédulo y airado.

Entonces lo miré y procurando mi aspecto más lleno de compunción le respondí:

—Cuando estás hechizado, como yo estaba, la elección no es tuya.

Supe que, a partir de ese momento, ese guardia sería uno de los que dudase, y que su duda habría de ser expandida y contagiada, incluso asumida como cierta por no pocos de los que la escuchasen. Y decidí alentarlo en sus dudas, hablar con él cuanto me fuese posible, seducirlo para mi causa, pues acababa de descubrir, acababa de saber cuánto dependía mi vida de lo que la gente opinase de mí, de la idea que de mí tuviese, no sólo aquel gentío que acabábamos de dejar atrás, sino el resto de la opinión pública.

El último guardia que entró dio un portazo que resonó en la estancia de forma que se llenó con él, primero, y después con nuestras voces, que rebotaron, asustadas unas, nerviosas o impositivas y autoritarias otras, contra las altas paredes que la limitaban. Ya estaba en la cárcel de Allariz, en la zona alta de la villa, al pie del castillo sobre el que el médico Feijoo había escrito una obra de teatro en verso que lo describía en todos sus pormenores y accidentes. ¡Ah, si lo convenciese a él de mi pretendida maldición, de la enfermedad cuya existencia él mismo admite, pero no en mí, como habría de dejar bien claro!

Fuera quedaba Bárbara agitando a las gentes y atrás quedaban unos hechos que se prestaban a todo tipo de conjeturas. Mi salvación únicamente sería posible si yo conseguía hacer verosímil mi historia, ciertas mis afirmaciones y creíbles mis lamentos; a ello me dediqué con todo afán, pues sabía que estaba en juego mi vida.

Volví a ser objeto de la visita de los facultativos, hasta seis llegó el número de los que me examinaron.

No olvidaré sus nombres, aunque sea el del licenciado Feijoo el que más permanezca en mi memoria. Los
cirujanos don Manuel Bouzas y don Manuel González;
los licenciados don Demetrio Aldemira y don Manuel
María Cid; el doctor don José Lorenzo Suárez, con el
ya citado, todos ellos me sometieron a todo tipo de
observaciones y llegaron a las conclusiones a los que
sin duda los indujo don Vicente María Feijoo-Montenegro y Arias, es decir, a las que parten de la primera
y fundamental premisa, la de que estoy cuerdo y soy
enteramente dueño de mis actos, inteligente e incluso
culto; pero que pretendo hacerme pasar por un ser
fatal y misterioso, un genio del mal, lanzado por Dios
a un mundo que no es mi centro, creado ex profeso para
el mal ajeno, al que me impele la fuerza oculta de una
ley irresistible, en virtud de la cual cumplo mi fatídi-
co y tenebroso destino. Les aplaudo el diagnóstico y
la literatura, pero se los tendré en cuenta, a estos aban-
derados de la ciencia.

Salí de prisión para ir a la sala de juicios. Para
entonces ya se había producido algo que yo no había
tenido en cuenta y que ahora sé que debe ser aprove-
chado en todo lo que pueda ayudar a mi causa y conservar mi vida. Una lección que viene en auxilio de lo
descubierto en el momento de entrar en la prisión ala-
ricana. Los periódicos han despertado una expectación inusitada en los sentires de las gentes hacia mi
persona y las discusiones se suceden con continuidad
sistemática y constante. En ellas, los más de los lecto-

res de periódicos, es decir, las menos de las gentes de aldeas, están a favor de que yo sea ciertamente el hombre lobo que aseguro ser, un ser malvado que mata y que se recrea en la suerte de hacerlo, aquejado por una enfermedad llamada licantropía, según unos; o un pobre campesino, dominado por la superstición y la ignorancia, que es objeto de una creencia generalizada entre el vulgo analfabeto y atravesado, por lo que me creo dominado por una maldición que me empuja a creerme lobo y a matar aun en contra de mi voluntad, con lo que sufro y peno como pocos se imaginan, según otros; pero también un ser perverso y ambicioso, lleno de codicia, perfectamente dueño de mis actos, que mata para obtener beneficios sin importarme sexo, estado o condición de mis víctimas, un degenerado insensible, un sádico que goza y se recrea con el dolor ajeno, según el galeno que tanto recuerdo y cito y que ha convencido de ello a los más de sus colegas.

¿Quién soy en realidad? Llegado a esta altura de mi historia, debo confesar que, a veces, hasta yo mismo llego a dudarlo. Ver la sala del juicio atestada de gente, oír las deposiciones de testigos y abogados, escuchar con atención extrema la intervención del fiscal o los informes forenses, las descripciones y las interpretaciones de toda condición que en ella se producen y hacerlo mientras uno se sabe objeto de atención, centro de todas las miradas, tiene cierto encanto y puede ayudar al despiste, al menos en algún momento, de forma que las conclusiones a obtener se alejen de mí como alma que lleva el diablo. ¿Quién soy? Es fácil de saber, soy el reo de la causa, y mantener el tipo con unos y con otros resulta tarea ardua y complicada.

Si durante la vista del proceso seguido contra mí el fiscal me acusaba de frío y destemplado, ofrecía mi condición más desvalida de aldeano, abatiendo la mirada, fijándola en el suelo y escuchando, atento y asustado, las afirmaciones todas que sobre mí se realizaban. Pero si era Bárbara la que bramaba, desde el público o desde la tarima, intentando convencer a la sala entera de que mataba para robar hasta la humana grasa, entonces me escindía y la miraba a ella con fugaz y canina fiereza, elevando la vista brevemente desde abajo, para irritarla, mientras mi ademán, el escorzo en el que se ofrecía mi cuerpo encogido, invitaba a los dudosos a suponerme asustadizo y frágil, casi indefenso, abandonado a la condición triste que me había deparado mi ignorancia.

En otras ocasiones, compelido a relatar mis actos, no midiendo bien el alcance de mis palabras al ser aplicadas a la más cruda descripción de los hechos, mi crueldad, que yo pretendía animal y era sin embargo humana, se presentaba ante las mentes de los más serenos como algo insoportable. Medía mal o promediaba absurdamente la composición entera de la sala. En esos momentos tenía que seguir adelante y jugarme todo a una sola carta. Solía equivocarme. Ciego de irritación, incidía en los aspectos más descarnados de mis actos, llevado quizá del desprecio que sentía hacia todo lo que me rodeaba, reteniéndome contra mi voluntad en aquel salón lleno de un aire enrarecido y sucio, apestoso, con olor a humanidad rancia, me entretenía en provocar el estupor y el pasmo, la repugnancia y el asco. Así describí cómo degollaba a mis víctimas, cómo me bañaba en su sangre y despedazaba sus cuerpos. Ahora sé que no debí hacerlo. Pero así me equivoqué. Sin embargo algo me avisó de que no describiera cómo separaba la grasa de la piel de mis víctimas, cómo la licuaba posteriormente en una sartén, cómo despellejaba sus cuerpos, y no lo hice. Pero con lo anterior fue suficiente.

En una de esas oportunidades, el estenógrafo que tomaba cumplida nota de todo cuanto allí se pronunciaba no aguantó más y rompió el silencio al que su condición lo relegaba, la de mudo transcriptor. Hizo caso omiso de la norma establecida y se dirigió a mí, clamando, en nombre de Dios.

—¡Por Dios, por Dios, cállese! —gritó espantado.

Se sentía horrorizado por la frialdad con la que yo estaba describiendo mis hazañas. Reconozco que su interrupción me disgustó. Es difícil hablar y describir hechos utilizando las palabras justas, y no otras. No es sencillo encontrar las palabras que han de ir destinadas a conmover tanto como a despertar el morbo de las gentes que te escuchan; a excitar su curiosidad, tanto como a incitar su compasión; pero no hacia las víctimas, sino hacia su verdugo. No es tarea fácil, requiere concentración extrema.

Se trata de que todos y nadie quieran ser quien yo soy, pero nunca mis víctimas. Para ello se ha de ir enredándolos en una red, tejida de instintos elementales, de sensaciones próximas al vértigo, que los retenga y aprisione antes de arrastrarlos, sin piedad, a fin de situarlos, de modo del que no sean conscientes, en el borde exacto de las maldades más perversas para que, admitiendo la posibilidad de las suyas, se sientan empujados a disculpar las ajenas; en este caso, las mías. Conseguirlo, siquiera pretenderlo, requiere atención suma y la intervención del estenógrafo acababa de romperla. Por eso me irrité, dirigiéndome a él con acritud presta y mirada encendida por el odio:

—Usted tiene suerte de que la maldición me haya abandonado.

Lo dije con una actitud feroz que no dejase ningún lugar a dudas. Fui violento y hablé mordiendo las palabras, pronunciándolas entre dientes, hasta que me di cuenta de que si seguía amenazando, después de aviso tan preclaro, podría equivocarme. Me callé entonces. No sabía en qué dirección encaminar mi siguiente comentario. Pero el juez, temiendo un alboroto, vino en mi ayuda sin ni siquiera pretenderlo, al proporcionarme una opción por la que decidirme y a la vez una ocasión de oro para el ejercicio del arte de la simulación en el que yo tanto me aplicaba.

Lo hizo de modo inconsciente, al intervenir con la velocidad del rayo, esgrimiendo una pistola y advirtiéndome contra una más que posible intención mía de gastar alguna broma, de hacer algún chiste desafortunado, o de pretender, al fin, hacer cierta mi amenaza.

—Ni una broma, ni un chiste y ni un gesto improcedente, Romasanta, o lo abraso —me advirtió pretendiendo ser solemne, pero sin apenas conseguir que no le temblase la voz.

Tal era la tensión que se vivía en la sala, tan grandes el miedo y el temor que se habían desatado, como para que el juez hubiera de tener una pistola encima de la mesa, al lado del crucifijo y del martillo con que imponía silencio a fuerza de dar golpes sobre un círculo de madera, que me pareció ser de castaño.

En ese momento, cambié de actitud y enseguida me mostré sumiso. Sonriendo con una tristeza que despertase compresión, le respondí:

—Usted no sabe lo que está diciendo, señor. La maldición me ha abandonado, pero como yo me convirtiese en lobo, usted, un hombre sensato y cuerdo, llegaría a sentir tanto terror, un pánico tan grande, que no me podría disparar con esa arma. Además, las balas no podrían herirme.

Mientras me expresaba así sentía clavada en mí la mirada de Feijoo. El médico escrutaba hasta el más mínimo de mis gestos, manteniendo sus labios distendidos en una sonrisa escéptica y serena. Me había incorporado, en el momento de amenazar al estenógrafo pusilánime, y ahora me reintegraba poco a poco a mi posición de siempre. Dirigí entonces una de mis más fieras miradas al galeno, y él la dio por recibida, correspondiéndome con un saludo. Inclinó la cabeza con cortesía y me sonrió, al tiempo de mirarme con tranquilidad pasmosa. Me hizo gracia y yo también me sonreí, demorando sin querer el momento de sentarme. Entonces, uno de los guardias posó la mano sobre mi hombro izquierdo y me obligó a hacerlo con violencia. Giré mi boca al tiempo de rugir y una exclamación llenó la sala.

Miré de nuevo al juez, sin darle tiempo a enarbolar su arma, y acto seguido sonreí, sereno, induciendo confianza. Después volví mi mirada hacia la de Feijoo. Su actitud no había cambiado. Pero la sala continuaba teniendo la opinión algo más que dividida, se diría que incluso fragmentada. Supe que eso me favorecería y decidí persistir en mi comportamiento.

Ver desfilar a los testigos, escuchar con atención sus intervenciones, resultó entretenido y una buena información acerca del entendimiento humano. Los médicos abundaron en disertaciones eruditas, todos menos Feijoo, que se mantuvo circunspecto, atento a todo lo que le rodeaba, como si estuviese copiando en su mente la escenografía de la sala, los diferentes estrados, sus distintos ocupantes: allí el juez con su pistola, aquí abajo yo, con los guardias que me custodian, o que protegen de mí a los demás asistentes al juicio, no lo sé; el estenografista en medio, en un espacio que se diría neutro, a medio camino entre la más alta autoridad presente y la más baja expresión del alma humana, que se supone que es la que anida en mí, según el propio Feijoo pretende demostrar, para acabar convenciendo al resto de que lo mejor que se puede hacer conmigo es sacarme cuanto antes de la vida.

A un lado del estrado que acoge la presencia del juez está el que soporta el peso del fiscal, y al otro, el que ocupan los abogados. La gente permanece agolpada en la otra mitad de la sala, la reservada al público, pues los testigos entran y salen a solicitud del juez e instancias de un ujier que se toma muy en serio su papel y acostumbra a mirarme con insolencia cada vez que acompaña a uno de ellos para llevarlo hasta el estrado o para conducirlo a la puerta de salida.

Feijoo lo observaba todo, sin concederse pausa, con mirada penetrante y espíritu que se diría sereno. Así debe de andar él por la vida, disfrazado de buena persona. Hubiese dado cualquier cosa por conocer sus pensamientos, pues estoy convencido de que su opinión pesa entre los miembros del tribunal, pero más aún entre la gente de la calle, entre la gente del común que tanto lo valora no sé si por él mismo, si por su dedicación a sus enfermos, si por su condición de escritor, que lo convierte en alguien aún más popular; o si es más bien a causa del mal carácter de doña Micaela, una fiera que lo trae martirizado, la gente lo sabe y ello la induce a compadecerlo y sobrevalorarlo, que así es el entendimiento humano y así se manifiesta en no pocas ocasiones.

El entendimiento humano. También yo, como Feijoo hacía conmigo, correspondiendo del mismo modo a su dedicación, permanecía atento a todos sus movimientos, al más mínimo pestañeo habido en sus ojos, al acompasado respirar de sus pulmones, transmitido a la pajarita que suele adornar el almidonado cuello de su camisa. De la demorada observación en la que me apliqué no obtuve mayores conclusiones que las ya conocidas. Don Vicente es pura contención; su pasajera y circunstancial incomodidad es apenas perceptible. Cuando una declaración mía lo sorprende, se remueve levemente en su asiento, sin que casi se le note, limitándose a cambiar la pierna de posición y sobreponer la izquierda a la derecha cuando hacía tan sólo un momento que tenía la derecha superpuesta a la izquierda. A veces uno de sus dedos índices acaricia al otro. Eso es todo. No me cuesta entender el comportamiento humano. Y debo reconocer que me interesa menos comprender el entendimiento de aquellos que ven en mí al hombre lobo, que el de los que creen saber que no lo soy. Bárbara es de estos segundos. Lo fue desde el principio y cuando subió al estrado lo demostró sobradamente.

—El lobo es un animal y mata para comer. Mata ovejas y a veces, cuando tiene mucha hambre puede matar vacas o caballos. Pero este hijo de puta mata para robar, sólo para robar, y es capaz de comerciar con cualquier despojo.

Así se expresó Bárbara en una de sus intervenciones. Estuvo sublime. Lo hizo mirando retadora a mi abogado defensor. Después se volvió hacia mí:

—Puedes engañar a estos señoritos —dijo señalando a los letrados— que no han visto un lobo en su vida, pero no a mí.

Luego añadió:

—Déjenme un buen palo y abandónennos a los dos en un soto de castaños y ya verán lo que queda del Hombre Lobo.

No cabe duda de que es una mujer valiente; me agrada. ¡Ah, si Manuela hubiese sido dueña de carácter semejante, sabe Dios adónde hubiéramos llegado! Bárbara es fría, como yo, y desde un principio se dio cuenta de todo. Fue ella quien alertó a los vecinos, indicándoles la realidad; ella la que hizo circular su versión de lo que había sucedido realmente y explicaba la desaparición de sus hermanas. Puestas sus palabras al a lado de la de los facultativos, nos hacen sonreír a Feijoo y a mí.

Cada vez que alguno de ellos intervenía, yo iba deduciendo cómo habría de continuar comportándome o adquiriendo la certeza de que estaba en el camino acertado. Mi única salvación estaba en convencer a la sala de que si no era un hombre lobo, sí era un pobre ignorante que así se creía. Un pobre diablo que en virtud de esa creencia, llevado de impulsos ancestrales, se veía impelido a matar. Más tarde, llevado de la necesidad, malvendía las ropas y los enseres de las víctimas, dándoles así un destino que no había predeterminado.

—Hay que dar por sentado, en el primero de los casos —afirmó, creo que don José Lorenzo—, que las pasiones, y por consiguiente las exageraciones o manías que de ellas puedan resultar, tienen su asiento o en el cerebro, o en las vísceras, o en ambos al tiempo, cuando no en un trastorno de la sensibilidad, desconocido y sin asiento asequible. Si esas exageradas pasiones se asientan en el cerebro, las locuras que devienen son suaves, parciales las más de las veces; consisten más en actos del entendimiento que en otra manifestación alguna y suelen propasar la razón, pero casi nunca el deber; por ejemplo, la monomanía razonante, la ambiciosa también, suelen durar poco y se curan con el concurso del arte o de la propia naturaleza.

Cuando el doctor Lorenzo estaba perorando de este modo, yo sabía que no podría fingir nunca ese tipo de locura, por muy pasajera que se considerase y por mucho que se le pudiese atribuir a la naturaleza tanto el origen como la solución del mal. Tenía que ser algo más profundo, algo que escapase con mayor facilidad al entendimiento de la mayoría de los presentes, incluso al mío. Había que seguir insistiendo en una verdad que me había desvelado don Pedro Cid, el párroco que tan bien opinó siempre de mí, cuando me dijo que el ser humano busca explicaciones mágicas cuando no las encuentra racionales. Algo así como lo que también hizo saber, a lo largo del proceso, Manuel Rúa Figueroa, mi abogado defensor, una vez que el recurso fue elevado a la Audiencia de Coruña. Rúa dijo entonces que el ser humano busca explicarse los hechos a través de sus preocupaciones. Así es. Eso quiere decir que lo hace a través de sus miedos. Yo tenía que seguir excitando esos miedos para provocar una explicación que me favoreciese; es decir, una preocupación que atendiese a la solicitud derivada de mi comportamiento durante todo el proceso. A mi favor jugaba el hecho de que me siguiesen considerando un aldeano ignorante y burdo.

—En el segundo —continuó el sabio doctor en medicina—, las locuras consisten en actos más o menos disparatados, son intermitentes, atacan a veces al sentido del deber y son curables sólo por el arte; la erotomanía, por ejemplo, que conduce a la satiriasis; también los delirios que sobrevienen en la preñez y otros; es decir, locuras más ruidosas que violentas.

Así sentenció foralmente el docto galeno, no sin buscar con la mirada la aquiescencia de Feijoo. La sala se había llenado de rumores y más de uno se revolvía inquieto. Deduje que no me podría acoger impunemente a este segundo tipo de locura. Se me escapaban algunos de los términos que se utilizaban en el informe pericial, pero era fácil adivinar que aquello era demasiado simple y no me convenía.

—Por último, en el tercer caso, entran las violentas, las que presentan actos de ferocidad, sin mirar deberes, ni contenciones; sin considerar obstáculos, como la piromanía consumada – y aquí elevó la voz el galeno, engolándola—, la licantropía entre ellas. Su estado es perenne, su condición incurable, y si alguna vez las ha vencido la naturaleza fue dejando marcas irrecusables de su tránsito, que el médico no puede desconocer. ¡Ni las marcas, ni el tránsito!

Concluyó con toda cuanta solemnidad pudo, pero la exclamación final no ayudó a su tesis, lamentablemente, pues sonó a falsa. Luego continuó hablando, hasta dar en las tesis de Feijoo. Pero a mí ya no me interesaba lo que pudiese decir o callar aquel petulante de voz impostada y gesto solemne. De existir, de ser cierta, mi enfermedad seguía latente a los ojos de la ciencia. Tenía que seguir haciendo alardes propios de ella, mientras continuaba afirmando que la maldición me había abandonado después de trece años justos y justamente el día de San Pedro y de San Pablo, un veintinueve de julio, día de prodigios, sin duda alguna.

Don Pedro, mi viejo y querido párroco, vino a abundar en mi tesis, insistiendo en los milagros de los santos, en la bondad de mi alma cándida, en lo bien que dirigía los rezos del rosario, o incluso lo bien dispuesto que fui desde muy joven tanto para guisar como para hacer cedazos, cuerdas, cualquier cosa con la que poder ayudar al vecindario, algo para lo que siempre me mostré muy predispuesto. ¿Cómo sino a través de una maldición, a través del ejercicio del Maligno, podría haber llegado yo a la triste condición en la que había sido derrotado?, se preguntó en voz alta para que se estremeciesen las conciencias.

La intervención de don Pedro Cid no habría de convencer a los jueces, instigados en mi contra por la fría y distante, por la serena y contumaz actitud del médico Feijoo, que sin duda es persona de prestigio en Allariz, por sus escritos, por el apellido que luce, por su práctica médica, quién sabe, a lo mejor por las tres causas, lo cierto es que lo ignoro, pues Allariz queda algo a trasmano de Esgos o Verín, cerca de Maceda, sí, pero no formó nunca parte de mis rutas y trasiegos y no conozco el lugar como quisiera. Por eso tengo que guiarme por lo que les oigo decir a los carceleros o por lo que don Pedro me señala en sus visitas, alentándome. En cualquier caso la intervención de mi buen sacerdote, no toda, pero sí parte importante de ella, fue en vano.

Mi abogado salió del trance como pudo y a mí no me quedó más remedio que seguir interpretado mi papel, recluyéndome en mí mismo durante las horas del juicio, pero también en las de prisión, procurando agazaparme en una esquina, como si fuere un animal asustado para que, observándome así mis carceleros, pudiesen informar al resto de las gentes de mi actitud, más propia de un lobo o de un orate que de un ser racional normal y cuerdo.

5

Mientras el proceso tenía lugar y todo iba sucediendo de modo que yo caminase hacia la condena a garrote vil que habría de dictar la audiencia de Allariz, algo estaba sucediendo fuera del alcance de mi entendimiento, lejos de los límites geográficos que demarcaban mi historia y sus efectos.

Yo estaba acostumbrado a llevar y traer noticias, ya lo dije. Nadie se imagina cómo vuelan éstas por mi tierra, ni lo acostumbrados que estamos los gallegos al ejercicio de su transmisión, comunicándonoslas entre nosotros, de uno en uno, hasta conseguir trasladarlas a lo largo de leguas y más leguas, algo que conseguimos con facilidad y rapidez increíbles.

Nuestros montes no son muy grandes, pero sí son muchos y rotundos, tan arbolados que la decisión de atravesarlos es propia de gentes esforzadas; sólo nosotros solemos aventuramos a través de ellos, para asomar al otro lado de sus límites. No así al contrario. Nosotros sí salimos, pero aquí casi nadie llega; si acaso, algún inglés despistado que venga a predicar la Biblia protestante. George Borrow, por ejemplo, al que conocí por la zona de El Bierzo, por Villablino o por allí, ya no lo recuerdo. Lo recuerdo a él, en cambio. Era alto y rubio, viril y esbelto. Guapo. Muy guapo. Predicaba con mucho énfasis y no poca convicción, pese a que se reconoce ateo en sus escritos.

Cuando le conté a don Pedro la reacción de la gente de O Barco de Valdeorras y de A Rua una vez que don Jorgito terminaba sus prédicas, no pudo menos que sonreír. Lo hizo poniendo boca de conejo, mientras se frotaba las manos.

—¿Y qué dices que le dijeron? —me preguntó para poder oírlo de nuevo.

—Pues que si no creían en la religión verdadera cómo iban a creer en una falsa —le respondí contento de verlo sonreír, pues su alegría implicaba mi beneficio.

Don Jorgito *El Inglés* llegó atravesando nuestros montes; fue uno de los pocos que lo hizo. A Galicia la gente llegó siempre por mar. Por tierra lo suelen hacer los maragatos y los que hacen el Camino de Santiago, peregrinos en cumplimiento de promesas o en redención de penas; don Jorgito, porque estaba a sueldo de una sociedad bíblica. Fue de los pocos que llegó, pero se fue por donde había venido, como los demás. Nadie aguanta aquí demasiado tiempo.

134

Los montes nos incomunican con el resto de las gentes. Es cierto. Por eso ignoraba que fuese tan importante y pudiese llegar tan lejos la información sobre sucesos como el que yo protagonizo. Empiezo a saberlo ahora. Si lo hubiese sabido antes, es posible que no me hubiese aplicado tanto en convencer a mis paisanos como a quienes comentan a diario el desarrollo del proceso. Estaba ajeno a suponer que las noticias pueden ser también llevadas por la prensa en la forma en que lo hace y que ésta lleva a cabo su función independientemente de a quién beneficie, además de a ella misma, con tal de vender periódicos. En mi caso, parece que acabará por beneficiarme a mí. Creo que si hago memoria será fácil entender esto que afirmo.

Cuando vinieron a detenerme en Nombela y me sometieron a un careo con Martín Prado, Marcos Gómez y José Rodríguez me vi sin salvación ni escapatoria posible. En aquel momento comprendí que las pruebas que obraban en su poder resultarían abrumadoras, que los testigos serían numerosos y que todos ellos se sentirían convocados a sentenciarme, condenándome, según empezasen a hablar. Lo harían por deseo de venganza, unos, Bárbara entre ellos; por conjurar sus miedos, otros, quizá la mayoría; incluso por envidia, no pocos, después de enterarse de cuánto podría valer un kilo de grasa humana o de calcular las ganancias obtenidas con las muertes.

Dicho así puede parecer duro, pero así es la vida. ¿O es que los que adquirieron prendas de las víctimas eran todos ellos personas inocentes? Tampoco quiero hacer daño a don Pedro, nada más lejos de mi intención, pero ¿acaso la capa que me compró no había sido vista sobre los hombros del finado un número de veces suficiente como para que no la identificase? ¿Y qué me dicen de las damas que se lavan con jabón de grasa humana? ¿Saben o no saben con qué jabón se están lavando?

Naturalmente que sí, pero a todos les interesó el cambio, como también le interesa al reverendo que haya magia y misterios, dudas y prodigios. ¿De dónde si no el exquisito cuidado de la curia en todo este proceso enmarañado? Menos mal que ellos no arrojaron luz, porque ellos saben más que nadie de estas cosas. Saben mejor que nadie que el hombre explica el mundo a través de sus preocupaciones, es decir, de sus miedos.

La vida es dura. Dura es la vida de los segadores gallegos en Castilla. Duros son los amos de las tierras sobre las que los explotan. La vida es la que les sorben verano tras verano, y no son pocos los que no regresan cada año porque se quedan enterrados en aquella estepa interminable y seca, áspera y dura como el carácter que genera. Nadie los juzga ni condena, a no ser con la opinión. Pero ningún tribunal lo hace dictando una sentencia. Sólo caen siempre los más débiles. Yo, por ejemplo. Entonces ¿por qué no habría de ser yo duro como lo es la propia vida, como lo es la más de la gente que conozco?

Cuando me detuvieron y me vi en la evidencia de que no podía negar mis crímenes, pues no había dudas razonables sobre ellos, comprendí que nada me salvaría del garrote. Nada ni nadie lo haría. A no ser que fuese capaz de introducir el factor sorpresa y la variable de la duda entre la maquinaria de la justicia y la abrumadora contundencia de las acusaciones. Lo conseguí. Abrí un mundo nuevo haciéndome pasar por hombre lobo. Ahora soy consciente de que la opinión que la gente tenga sobre mí depende de mis actos, pero también de cómo los transmiten, de cómo los interpretan y los dan a conocer quienes, como yo, se dedican a traficar con las noticias.

Ahora nadie duda que haya matado lo menos a docena y media de personas, pero los más lo hacen acerca del normal funcionamiento de mi mente; los más, entre los que no se cuentan ni Bárbara ni el doctor Feijoo, ni, arrastrados por ellos, los que me han condenado a morir atado a un poste, una vez estrangulada mi garganta, unidos a los pocos o muchos que lo hayan aplaudido. Pero son muchos otros más los que se conduelen de mí y de mi ignorancia. Los que sienten compasión hacia mi persona y simpatía por mi causa. He acertado. También he aprendido cosas, ahora me resta esperar.

Una vez que la Audiencia de Allariz dictó sentencia condenándome a la muerte, se hizo necesario esperar a que la causa fuese remitida a consulta a la Audiencia de A Coruña; es decir, a que fuese llegado el momento de cambiar de abogado y dejar que me defendiese ante la nueva instancia el letrado Manuel Rúa Figueroa, joven y ambicioso, capaz de continuar haciendo que corra la opinión a mi favor, a través de la prensa, esa realidad que yo no valoré porque la desconocía en su exacta dimensión. Él, en cambio, parece haber nacido consciente de la importancia de que los periódicos hablen de uno y de su condición, sea ésta real o falsa, inventada o producto de su imaginación más prosaica e interesada.

Yo ignoraba por completo que en Madrid se hablase de ella, ni se me había pasado por la cabeza que les pudiese interesar por allá abajo que por aquí arriba pudiese existir un hombre lobo. No era consciente de que, como aquí, la opinión se pudiese dividir; sin embargo, una vez que lo supe, algo, una intuición, quizás un destello de la inteligencia que los galenos me reconocen, me avisó de que Figueroa iba a ser capaz de interpretar su papel de abogado con la misma pulcritud con la que yo he interpretado el mío; que estaba dispuesto a hacerlo de tal modo que propiciase el que yo fuese aún más lobo de lo que nunca he sido, aunque lo sea con la sola, con la única evidencia que mi propia confesión aporta.

Desde que estoy preso en este castillo de San Antón, Figueroa viene a verme a menudo. Ya lo había hecho antes, al tener noticia de mi caso. Se había hecho presente a través de mi propio abogado, que fue quien primero me habló de él y de su buena disposición para asumir mi defensa, si se acababa produciendo la condena, algo con lo que él ya contó desde un principio, y con que habría que presentar recurso ante la Audiencia Territorial, como ahora ya se ha hecho.

Ayer vino otra vez y sigo pensando que es joven y ambicioso. De haber estudiado, yo sería como él, y, pese a haber estudiado, él parece ser bastante como yo; aunque otros sean sus recursos, otras las armas de las que se vale para lograr los intereses que ambiciona. Me gusta este hombre ambicioso y joven. Lo envidio. Y me irrito si pienso que todo le ha venido dado. No como a mí, que me lo he tenido que ganar todo, hasta el derecho a leer los libros que he leído y que todavía hoy me es negado cuando no reconocido.

Le estoy agradecido porque es a él a quien debo el hecho de conocer a tiempo la acusación escrita por el Ministro Fiscal, don Luciano de la Bastida, la misma que habría de elevar a la Audiencia Territorial de A Coruña. Mientras esa elevación se produjo, mientras su petición no fue dirimida por tan altas instancias, a mí sólo me cupo esperar. Pero sabiendo ya cómo debería seguir comportándome.

Estábamos en primavera. El día seis de abril del año de 1853 fue cuando me condenaron a garrote en Allariz. Ya ven con qué precisión recuerdo cómo sucedieron los extremos que dejo registrados, pero aún hay más que silencio y guardo en mi memoria, pues no es ni aconsejable ni buena la total desnudez del pensamiento.

Ese día seis de abril, me condenaron a garrote. Lo hicieron una vez que hube ratificado todas las declaraciones hechas ante el alcalde de Nombela y el juez de Escalona. También una vez que ratifiqué la circunstancia de que, si he dado muerte a las personas hartamente referidas, lo hice llevado que me vi de una fuerza irresistible, que también hartamente proclamé, que me impelía, de modo irrefrenable y ajeno por completo a mi voluntad de hombre, a transformarme en lobo, asociado siempre a Antonio y don Genaro, poseídos ambos de la misma enfermedad que confieso haber padecido y que, según el doctor en medicina señor Lorenzo, un sabio, todavía puedo padecer, latente que sigue en mi cerebro, afectado para siempre en sus secuelas, y consecuencia, sin duda alguna, al menos en mi entender, que no en el de los doctores, de una maldición traicionera y ancestral que me hubiesen echado mis padres, abuelos o cualesquiera otros parientes o allegados, gracias a ser el séptimo o el noveno hijo varón de mi padre, según se cuenten o no se cuenten los bravos que él, tan gozosa como generosamente, repartió por el contorno.

Negué asimismo, en tal ocasión y nefasto día, haber dado muerte a Manuel Ferreiro y al alguacil leonés, y que hubiese intentado asesinar a Manuel Fernández, el Surtú; ni a Luis ni a María García, que quede claro; al menos para confusión mayor que la ya sembrada. Manuel Rúa Figueroa así lo entendió también, y eso resultó para mí tan gozoso como aleccionante.

Puesto a hablar del abogado que hasta aquí defendió mi causa, tampoco fue menos explícito el amigo Figueroa. De Mariano Garrán, que así se llamaba quien hasta ahora fue mi letrado, dijo que era hombre de razonado ejercicio profesional y cauto proceder, que había desempeñado su oficio con prudencia exquisita y sin arriesgar apenas; por lo que no habiendo dejado, el antecesor de quien retoma ahora mi causa, nada que desear en el terreno jurídico-legal, tuvo a bien el letrado Rúa Figueroa tributarle homenaje de respeto y alta consideración y estima; lo que, dicho ante mí, debe ser interpretado como que iba a empezar lo bueno y lástima que no hubiese podido empezar antes. En éstas me hallaba, pues, a las puertas justas de que todo comenzase nuevamente.

En aquellos días, las paredes de mi celda todavía guardaban los ecos de la fiesta vivida en Allariz, celebrada en honor de mi condena; pero aún creo oír en ellos las voces que discrepan y que llegan hasta mí, traídas de la mano amiga de mi nuevo y aguerrido defensor quien ni por una vez siquiera tuvo a bien interrogarme por la que entiendo cuestión crucial de este proceso. No me preguntó si soy realmente o no un hombre lobo, sino tan siquiera si al menos creo ser tal cosa; o si realmente sospecho estar sometido a maldición o hechizo. Tampoco me preguntó si mi ignorancia es pareja a mi superstición o a mi incultura, pues me dio toda la impresión, toda la prodigiosa impresión de que, tanto a éste como a otros múltiples respectos,

141

nos movemos, él y yo, por valores que pueden e incluso deben ser sobreentendidos. Eso es lo que más me gusta de él. No hay que dar explicaciones. Únicamente actuar y hacerlo de acuerdo con nuestro instinto o a indicación de nuestros deseos. Y eso es lo que a mí me gusta, se diría incluso que es el resumen de mi vida.

Y si no me preguntó nada de eso, ¿me debería preguntar acaso si maté o no maté a todas las que se me adjudican como víctimas de mi crueldad vesánica? Pues tampoco. Quiere eso decir, intuyo, que tiene las cosas claras mi segundo defensor.

Hay unos muertos, hay un autor confeso, existe una condena previa, pero no han aparecido los cadáveres; es decir, hay unos desaparecidos de los que no se sabe nada, excepto que yo me he adjudicado sus muertes. De todo ello se puede inferir con facilidad que lo hice llevado de una locura extrema, reconociendo que actué creyendo ser un lobo; con lo que mi propia inculpación no vale nada. ¿Qué importa que haya matado o no? Lo que importa es que yo sea o me crea un hombre lobo, que esté cuerdo o afectado de licantropía. ¡Ah, qué gran abogado me ha caído en suerte!

Estábamos en abril. Don Pedro había venido a verme, trayéndome noticias y consejos, comentarios y ayudas que pudiesen aliviarme en mis cuitas. ¿Por qué tanta dedicación, de dónde tamaño empeño por mi causa? Siendo yo niño, don Pedro me había acariciado, aunque no creo que fuese tal recuerdo el que lo moviese a la emoción comprometida por mi causa.

Tiene varios hijos bravos. Quizás es que cree realmente que puedo estar sujeto a la maldición a la que me aferro. El caso es que lucha por mi vida desde que la supo en trance de ser perdida. Viene y me consuela. Me pide oraciones y yo le correspondo con la actitud piadosa que sé que espera de mí, mientras que lo que yo espero de ella es que, de su ejercicio ostentoso, se derive en la mente de don Pedro una mayor convicción y un mayor empeño en defender mi causa; más y mejor apoyo, pues no desconozco el poder que tiene la palabra, más si ha de ser utilizada por el clero en beneficio de una causa.

Don Pedro y otros como él, todos, juntos o por separado, rezan por mí y me encomiendan en sus oraciones. Y con ellos lo hacen no pocos de sus feligreses y la mayoría de los creyentes que habitan en las ciudades y guardan de la vida una memoria antigua que se conserva en sus mentes como si hubiese sido grabada a fuego. El efecto es multiplicador. No sirven para nada tantos rezos, de eso estoy convencido. ¿Va a conmoverse Dios por mis pecados? No. ¿Va hacerlo entonces por las plegarias de unos pocos miles de humanos llenos de desconcierto? Tampoco. Dios no va a conmoverse. ¿Por qué habría de hacerlo?

No sirven para nada las plegarias. Pero sí sirven tantos defensores de mi vida, que no otra es la que encomiendan en sus preces, a fin de que sea salva. De eso es de lo que se trata. De ir sumando compungidos defensores de mi vida. A todos nos viene bien tamaña y cristiana preocupación por mi causa. ¿Qué sería de ellos, de don Pedro y de sus hermanos en Cristo, sin demonios contra los que luchar, sin Maligno al que batir? Es el Maligno quien me ha poseído. El lobo es, si no el mal, sí al menos su manifestación más palpable. Ayudándome, se ayudan. Luchan contra el Maligno, puesto que existe. Yo soy la prueba palpable de ello. Me necesitan.

Vino don Pedro y me contó cuál era el ambiente que rodeaba el juicio. Bárbara se había convertido en el adalid de su propia causa: la de vengar las muertes de sus hermanas y sobrinos, a la vez que la de desarrollar al máximo el protagonismo asumido; un protagonismo que realza su belleza, al tiempo que le facilita el acceso a lugares en los que nunca se hubiera atrevido a soñar que algún día podría estar. Un protagonismo, pues, en el que tan a gusto se encuentra.

A don Pedro ese protagonismo parece no causarle un gran entusiasmo. Lo entiendo y lo aliento en sus afanes. Bárbara se ha convertido en aliada del Maligno. Niega que yo pueda ser un lobo, niega la evidencia y afirma que el infierno no se ocupa en esas cosas. Piensa del demonio lo mismo que yo pienso de Dios. Estamos igualados y por eso la deseo.

—¿Cómo iba a ser lobo a instancias del demonio? —se pregunta en voz alta.

Lo hace deliberadamente a fin de que todos sus oyentes reciten la repuesta que ella misma les ha de proporcionar, para que se la aprendan.

—¡Ni que el demonio no tuviera cosas mejores en las que enredar! —insiste.

—¿Quién si no podría conseguir perversidad tamaña? —me pregunta a mí don Pedro, amparándome en mi desdicha.

Don Pedro me quiere lobo, me necesita lobo, y la moza está cavando su propia fosa. Acabará siendo repudiada por los curas, pues ignora que es a ese poder al que se está enfrentado. Está colérica y le ciega la venganza. Debiera ser más reflexiva, pero ¿puede serlo?

Don Pedro habla con unos y con otros, va y viene, de forma que lo sabe todo, lo controla todo. ¿Le ayudará el confesionario en ello? A veces pudiera sospecharse que sí, tal suele ser la precisión de su diagnóstico cuando proclama, una vez auscultado el cuerpo social, los males que afligen al mundo a causa de la presencia del Maligno. Acaso concluya, después de las confesiones, por establecer un hilo conductor de todos ellos, enhebrando los hechos como si fuesen las cuentas de un rosario, dotándolos de una continuidad y de un sentido que los demás no percibirían nunca de no ser por él y su ministerial asistencia, pues por eso él es sacerdote y los demás fieles, ignorantes; es decir, Iglesia militante.

¿Cómo sabría si no que Bárbara se había entrevistado varias veces con don Vicente? ¿Cómo conocería todo cuanto habían hablado entre ellos? A lo mejor fue el propio doctor, al parecer hombre de fe, quien le trasladó los comentarios de Bárbara. Don Pedro me dijo que habían hablado de ellos, en algún momento. Lo que no me dijo fue si había sido Bárbara quien se había presentado en casa de don Vicente, si había sido don Vicente el que se había trasladado a Rebordechao, en donde ella vive ahora, o si había sido él quien la llamara y ella quien acudiera presurosa. Pero de ahí viene la inteligencia existente entre ambos. De ahí las miradas que se cruzan, de un lugar a otro de los sitios en los que se celebran las distintas fases del juicio. De ahí los guiños que ojalá percibiese doña Micaela, pues entonces otro gallo le cantara a este hijo de Hipócrates.

Gracias a ella, únicamente gracias a ella, don Vicente tiene que conocer las relaciones que mantuve con casi todas las hermanas de Bárbara, la disposición de mi ánimo respecto a la más nueva, los afanes que a menudo me consumen y ensimisman. Un pajar no se hace sin paja. El médico sabe de esas relaciones y expande su conocimiento, como si fuese semilla aventada, mientras que lo que Bárbara hace circular es el odio hacia mi persona.

Me aseguró don Pedro, durante su visita, que tiene comprobada la presencia de Bárbara en Laza, en Vilar de Flores y en Castrelo, también en Vilar de Barrio y en Xinzo, apenas una aldeíta situada en un nudo de caminos. Al parecer Bárbara no descansa en su labor agitadora de conciencias. Se presenta en toda cuanta parroquia hay en el contorno de Allariz con tal de alertar a los vecinos de que yo no soy el Hombre Lobo, sino el Saca Untos, un asesino, ladrón de grasa humana.

— ¡Un lobo! ¡Un malnacido que mató a mis hermanas para sacarles las mantecas! —brama fuera de sí, según no hace falta que don Pedro me confiese.

—¡Esta oveja se me está descarriando, se me está yendo del redil! —se lamenta conmigo el buen presbítero—. Y lo que es peor, se está llevando otras con ella.

Luego me cuenta que las gentes de todas las aldeas empiezan a ridiculizar a los doctores, a cuestionar con desvergüenza sus afirmaciones científicas, subvirtiendo así el orden natural de las cosas. Y que también empiezan a exigir que se cumpla mi condena a muerte, pues soy un asesino. La gente de la aldea pidiendo muerte para uno de los suyos, enfrentándose así a la ciencia y a las verdades que la religión nos lega. No hay peor cuña que la de la misma madera, es bien cierto. Son los doctores los que dudan, los sacerdotes los que claman misericordia. ¿A quiénes representan entonces los jueces? Tiene razón don Pedro. Los valores se están subvirtiendo, no hay duda respecto a ello. En esta afirmación busco yo mi amparo.

Lo que me avisa don Pedro está lleno de presagios. ¡Maldita mujer y maldita sea su entraña! ¿Adónde quiere ir, adónde quiere llegar, ella que no es nadie? Pasarán los siglos y nadie sabrá de ella si su figura no va unida a mi recuerdo. Sólo cuando mi nombre sea evocado surgirá el suyo. Únicamente podrá ser una heroína gracias a mis palabras, éstas, pues sin ellas nunca nadie habrá de tenerla en cuenta. Lo sé.

A sus hermanas las privé de la vida, trasladé su

energía a otras pieles, sus cuerpos sirvieron para embellecer otros y yo supe del misterio de la muerte, del estremecimiento de un cuerpo, convulso en su agonía. Lo que les quité a ellas se lo devuelvo ahora a esta heroína aldeana. ¿Soy o no soy dueño de vidas, está o no está, realmente, en mí el Señor de las Tinieblas? ¡Ah, si don Pedro supiese de mis más íntimos pesares!

Había pasado abril. El Corpus venía pronto así que, si continuaba mi buena racha, podría ver, aunque fuese desde la ventana de mi celda, cómo los alaricanos corren un toro bravo por sus calles. Lo vi una vez, estando en Benavente, pues allí también lo hacen padecer por igual procedimiento, aunque en Castilla sean otras las gentes y sea el paisaje otro. Campos amplios de inmensos horizontes, nunca este cuenco en medio de los montes, la placidez de este río, las nieblas sempiternas y las lluvias dulces. Correr un toro, serpenteando la carrera por las calles grises, huir delante de él por muy sometidos que vayan sus cuernos y su empuje a la maroma que los ata y lo reprime; por muy sometido que vaya el animal al propio miedo que su bravura esconde, es hazaña para gente joven y algo destemida. Los vi pasar, a los alaricanos enloquecidos, por cerca de mi celda. Alguien con un trapo le limpió al toro la bosta que ensuciaba su rabo, sus ancas llenas de excrementos vertidos acaso por efecto del miedo y la fatiga. Después lanzó ese trapo al rostro de la pequeña muchedumbre que reía alborozada, quizá feliz, estremecida también en razón del controlado riesgo que corría a la par del toro enmaromado.

Cuando sueltan al toro bravo por las calles de Allariz, lo hacen en recuerdo de no sé qué voto o tradición de origen judaico, pues alguno de ellos, alguno de los ascendientes de los alaricanos que, aun sin saberlo, pertenecen a la tribu de Judá, interrumpió una vez una procesión del Corpus, y desde entonces los cristianos de Allariz se acuerdan de ello, una vez al año, como mínimo, o eso dicen, desde el siglo XVI.

En la parte alta del pueblo, por detrás y alrededor del amplio campo de la feria, protegido por los muros del convento que fundó la reina Violante, esposa que fue del rey Alfonso el Sabio, según me cuentan, está el barrio judío y próximo al Socastelo su cementerio. Saben lo que dicen. ¿Seré yo mismo un olvidado hijo del rey David? Este Blanco y este Romasanta que continúan mi nombre y dicen de mi estirpe así parecen sugerirlo. Pero mejor ha de ser que nadie repare en ello. Lobo y judío, eso sería demasiado. Hasta es posible que don Pedro ya no quisiese saber más de mí.

¿Cómo vi correr al toro desde mi encierro? No quise asomarme a la ventana, apareciendo detrás de la reja que avisa de mi clausura. Ésa es otra historia. Fue Rúa Figueroa quien me dijo que el lugar en que me habían encerrado había sido la sede del colegio de la Asunción, un centro de enseñanza, un colegio de humanidades regido por los jesuitas en el que estudió, hasta los quince años de su edad, el Padre Feijoo, tío abuelo del médico Vicente que tanto daño me lleva producido, a veces tan sólo con lucir, con mantener su actitud escrutadora.

¿Vendrá en esa sangre, la de los Feijoo-Montenegro, judía al fin y al cabo, el afán por hurgar en las conciencias ajenas y el deseo irrefrenable de intentar siempre desnudarlas? No hay peor cuña que la del mismo palo, ciertamente. Quiere mi condena tan sólo porque yo quise otras muertes. ¿Es eso justo? ¿Es justo que me puedan matar sin riesgo y sometido? ¿Es prudente que, dotado de los recursos que le da su ciencia, pueda este hombre aplicarme el escalpelo y diseccionar mi alma, extrayendo todas sus sustancias como yo hice con las grasas de mis víctimas, ayudado tan sólo de mi ánimo? ¿Es prudente que un tribunal, que otros hombres como yo, dicten mi sentencia a muerte? ¿Y si realmente estoy enfermo, aunque no sea un hombre lobo?

Los más se defienden de los menos, ésa y no otra es la ley que ayuda a que se continúe la especie. Pero a mí, ¿quién me defendió hasta aquí de todos los ataques padecidos? Ahora es casi seguro que lo hace alguien como yo, versado en los vericuetos legales, como yo lo soy en las vueltas todas que hacen los caminos; experto en luces, como yo lo soy en sombras; dado a obtener riqueza, procediendo al expolio de los bolsillos de sus víctimas, por medio de minutas contrastadas, como yo lo hago por medio de astucias de las que mi letrado no se ha de sentir nunca envidioso.

Siempre hay que luchar por la existencia. Y los más se defienden de los menos, pues la mansedumbre es el territorio de la nada. Miente mi buen don Pedro cuando bendice a los mansos, pues ellos verán a Dios. Eso es lo que afirma. Yo no soy manso. Nadie decidió por mí hasta ahora. Han tenido que enmaromarme para poder hacerlo y aún no está escrito que puedan conseguirlo. Siempre hay que luchar por la existencia, pelear por conseguir el sitio que te gusta o que elegiste, a no ser que seas un manso y aceptes resignado el que la vida haya dispuesto para ti. La inteligencia estriba en escoger el bando, la fortuna en nacer en uno o en otro.

6

El diecisiete de junio de 1853, el fiscal Bastida entregó su informe. Hoy, mi nuevo abogado defensor me ha entregado una copia de su escrito. Se trata de un largo texto que no añade mucho a lo que ya se dijo, a lo que ya se sabe, a lo que ya se volvió a repetir, y a repetir, y a repetir, tanto y de tal forma que ya abunda en el conocimiento de todos. Pero en esta ocasión, más literario que el de las intervenciones precedentes, más retórico, el fiscal adoptó un tono melodramático que debió de conmover mucho a los presentes, aunque a mí me repugnase, pues odio este tipo de exhibiciones, más próximas a la sensiblería que al sentimentalismo. Éste me molesta aún más que aquélla.

La intervención abundó en ambos, oscilando de un extremo a otro. Hagan un esfuerzo. Imagínense a don Luciano recordándole a la sala:

—¡No se trata de la desaparición de nueve personas, entre las que se encuentran jóvenes de catorce, doce, diez y tres años de edad! ¡Es que estos sucesos son el desenlace de escenas anteriores, dirigidas y preparadas para conseguir un objeto, según se halla probado independientemente de la confesión de Blanco!

Háganlo. Imagínenselo. ¿No es repugnante? Yo, por mi parte, me imagino a Bárbara paseando por los amplios espacios de la Audiencia, luciendo su belleza, no tan aldeana y mantecosa como la de sus hermanas, sino de carnes más prietas, más deseables, incluso más turgentes y mórbidas, haciéndole saber a quienes quisieran escucharla, periodistas incluidos, que yo soy el execrable Home do Unto, o el terrible y despiadado Saca Mantecas, también el terrorífico Hombre del Saco, cualquier cosa antes que el Hombre Lobo.

No me resulta difícil imaginarla. La observé demoradamente a lo largo del juicio. La miré con fijeza en no pocas ocasiones, intentando transmitirle mi pensamiento, queriendo hacerle ver lo que yo veía en ella, su desnudez, y pretendiendo inducirla a que viese en mí lo mismo, el deseo que me embargaba; pero también el desprecio, también el odio irreprimible y todos los sentimientos encontrados que sentía golpeándome en los ojos, en las sienes, a veces, pero golpeándome siempre y con intensidad tal que me olvidaba de atender al exhorto que el fiscal dirigía a la sala mientras yo contemplaba a Bárbara y me la imaginaba como me la figuro ahora.

Me imagino también a los periodistas. No es difícil. Los sé muy poco dispuestos a escuchar a Bárbara. Su historia tiene mucho menos interés que la mía, que es la misma que vende mi abogado, la de que soy el Hombre Lobo. Ésa es la realidad y lo será ya para siempre. Pero sin el añadido de las grasas, que al fin ya poco importan.

Cadáveres que han sido despellejados, eviscerados, piernas y nalgas diseccionadas con precisión de taxidermista, a fin de que un malvado pueda extraerles las mantecas, frente a un lobo hambriento que muerde y desgarra acometido de una furia ancestral y eterna. Imagínenselo. ¿Cuál es más atractivo? Después piensen en Bárbara, queriendo ser una abanderada de la causa de sus hermanas, una heroína de la razón, convirtiéndose en una víctima, en una perdedora. Bárbara acata las normas. Pretende el dominio de la razón, ella, una campesina inculta, que se eleva por encima de su condición y espanta la anuencia de los que se saben o se quieren por encima de ella. Mientras que yo, bien por el contrario, asumo la mía; mi condición de pobre aldeano ignorante, de cuitado y supersticioso campesino gallego que sucumbe al influjo de patrañas ancestrales que han de ser interpretadas por los eruditos del momento. Míos han de ser el triunfo y la gloria.

Ha de ser así porque, aunque también monté por encima de las normas, soy alguien que si no las venció sí al menos las superó, pero que después de haberlo hecho, arrepentido y convulso, balbuciente incluso, me muestro en mi condición más humilde y baja, dejando ver que a nadie supero o pretendo superar.

De este modo consigo que todos se sientan superiores a mí. Y les despierto o les avivo el deseo de ser indulgentes y perdonarme. La bondad es patrimonio de los fuertes, y yo me presento ante ellos como un ser débil y necesitado de protección. Soy malo porque soy pobre, y débil, y desasistido de toda gracia. Ellos son buenos porque son fuertes. He ahí la diferencia. Es fácil ser magnánimo siendo poderoso. Yo les reconozco el poder de decidir sobre mí. De ejercer la magnanimidad. De ser dioses y decidir la vida. Les dejo ser lo que yo fui.

Saben que la debilidad engendra sumisión, y mi actitud los libera de la que ellos padecen desde siempre. Saben, también, que me envidian. ¿O es que nadie quisiera gozar impunemente, como yo lo he hecho hasta ahora, de los cuerpos desnudos de mis víctimas, indefensos y entregados a las mil lujurias que nacieron en mi imaginación desbordada ante el placer?

Sin embargo soy consciente de que, al mismo tiempo, les infundo temor. Por eso la gente me mira con miedo y no poco recelo. Contemplarme es superar un terror ancestral. Si conseguimos convencerlos de que no soy el responsable del pavor que suscitan mis crímenes, ni el gran beneficiario del placer que me depararon, habremos ganado. Y entonces seguiré vivo. Así lo pienso, mientras recuerdo las intervenciones del fiscal, reflexiono otra vez en los extremos que dejo reseñados y consiento en recuperar el eco de la voz de Bastida, resonando solemne y ampulosa por la sala:

—Si se teme que una de las nueve personas que han desaparecido venga a desmentir a los jueces, ¿por qué en los casos en que existe el cuerpo del delito no se temerá que otros testigos más autorizados, o que otros comprobantes más luminosos vengan a echar por tierra a los que sirvieron de cimiento a la sentencia? ¿Qué importarán a la justicia y a la verdad los caminos por donde se haya logrado oscurecerlas?

El fiscal es persona contumaz. Se propuso la ratificación de la sentencia dictada en Allariz y todo es válido para él, con tal de conseguirla. Se ampara en el sentimiento del deber, dice. Y en que debe proteger a la ciudadanía de un ser vesánico como continúa y continuará afirmando que yo soy. Dios lo libre de que pueda, algún día, comprobarlo.

—¿Y quieren mayor terror, pretenden mayor y más terrorífica posibilidad que la de que un asesino como el que dice ser el Hombre Lobo pueda quedar libre?

No se para en barras, el fiscal Bastida. Sabe de lo que habla. Don Pedro estuvo a verme hace unos días, pocos, y me lo advirtió. Primero observó la celda, asomó la cabeza sobre el ancho alféizar de piedra de la ventana y pudo contemplar el mar al otro lado de la reja.

—Por aquí salieron los barcos de la Armada Invencible a luchar contra la pérfida Albión —me dijo.

Luego se volvió hacia mí y lleno de paternal ternura me consoló, primero, y me advirtió después de que ya anda Feijoo ilustrando a los letrados, visitando las casas importantes de la Rúa de San Andrés y las de la Ciudad Vieja, el Pazo de Cornide, por ejemplo. Por eso entiendo como procedente de su influjo laborioso lo que continuó bramando el fiscal Bastida:

—¿Quieren hacer cierta la pueril afirmación de que es un hombre lobo y pretenden abrir la jaula para que esta fiera asesina quede suelta? —preguntó.

Después se introdujo los dedos pulgares por debajo de las axilas, sujetándolas en las aberturas del chaleco; mostró la prominente barriga, empujándola hacia delante, cuando lo que quería era inflar pecho, y, lleno de una satisfacción que no se ocupó en disimular, continuó afirmando:

—Pues ésa es la mayor de las locuras, mayor aún que la que el reo afirma sufrir para protegerse en ella. Por eso pido la confirmación de la sentencia. Tal es la petición fiscal. La Sala no obstante resolverá como creyere más conforme.

Si siempre deseé que se hablase de mí, es evidente que nunca lo había conseguido en idéntica medida a la lograda entre los días que median del once al quince del mes de julio de 1853, que fue cuando el fiscal y mi abogado ocuparon sus turnos en la sala. Cuando oí al fiscal formulando sus preguntas finales, me imaginé a mí mismo corriendo de nuevo, libre, a través de todos los caminos que conozco, y me formulé la que ahora me formulo. ¿Volveré a matar, si quedo libre? Me la formulo y me respondo que no lo sé, pero que no me importaría.

Ahora dispongo de otras armas, de otros instrumentos, más idóneos para conseguir mis fines, pues algo ha cambiado. ¿O por qué, si no, estoy escribiendo estas memorias, estos retazos que brotan a la par que las sensaciones que mueven los recuerdos? Han sido los sentidos quienes siempre me han guiado. Mi razón no se ocupó en desviarlos, en reconducirlos. Al contrario, les dio alas. Me ayudó a satisfacerlos. ¿Hay alguien que se asombre? ¿Es la razón la única que lo ha de regir todo?

La idea de escribir estas impresiones me la dio Manuel Rúa. Lo hizo, no sé si conscientemente, al dejar caer, así como al albur, que él ya está redactando una amplia reseña de la causa seguida en mi contra. Pretende verla publicada, una vez impresa en la casa de la viuda de don Antonio Yenes, en Madrid. Ya tiene contratada la edición del libro. Quiere que salga nada más conocerse la sentencia. Es joven y ambicioso. Pero yo aún no soy viejo y mantengo mi ambición intacta, de forma que si alguien se atraviesa en mi camino, incluso él, quizá vuelva a matar, claro que sí, aunque después intente lavarme las manos con el jabón que se compra en algunas boticas portuguesas. Así que la pregunta no es si mataré o no. La pregunta es: ¿quedaré libre?

Que respondan a tal pregunta los periódicos, pues si se produce mi libertad, serán ellos los más que probables causantes de ella, una vez vista la causa por los magistrados de la Sala Tercera de la Audiencia Territorial de Galicia y aireados por ellos todos los pormenores de la causa.

Se entenderá esto que digo ahora. Esto y no pocas de las cosas que he venido afirmando hasta aquí, acerca del poder inmenso de la prensa; de su capacidad para inducir la opinión favorable o contraria de las gentes o para ampliar los hechos más nimios, magnificando sus ecos; o de disminuir los de los más grandiosos, reduciéndolos hasta la insignificancia, de forma que nadie repare en éstos y todo el mundo lo haga en aquéllos, a los que graciosamente les concedió importancia. Se entenderá todo cuanto digo y llevo dicho si se sabe que, estando pendiente el fallo, se recibió en la Audiencia un sobre con los documentos que me doy el gusto de reproducir íntegros.

Ministerio de Gracia y Justicia.

Ilmo. Señor:

Por el Ministerio de Estado se comunica a este de mi cargo, con fecha diecinueve del actual, la Real Orden siguiente:

El Cónsul de España en Argel dice al Sr. Ministro de Estado con fecha 10 del actual lo que sigue:

Accediendo a los deseos que verbalmente y por escrito me ha expresado el Profesor Mr. Philips, tengo la

160

honra de poner adjunta, por si V.E. juzga oportuno tras-
ladarla al Señor Ministro de Gracia y Justicia, una carta
del referido profesor, cuyo pensamiento procede de
haber leído en los diarios de Madrid el relato de la causa formada por el Juzgado de Allariz contra Manuel
Blanco, condenado a la última pena por varios crímenes y delitos. Mr. Philips, que con la manifestación de
la ciencia que profesa ha adquirido ya un cierto renom-
bre en varias capitales de Europa que ha visitado, hallán-
dose de paso en esta ciudad ha abierto un curso de lec-
ciones para el estudio del nuevo principio o agente que
él intitula *Electro-Biologie*, que han sido seguidas de experimentos prácticos, para evidenciar los efectos sorpren-
dentes que produce. Presente a una de las reuniones más
escogidas que han tenido lugar en el teatro, he podido
ver por mí mismo y me cumple certificar los resultados
consignados en la relación hecha por el *Akhbar* diario de
Argel, n.º 1629, del 26 de junio, del cual es adjunto un
ejemplar, pudiendo V.E. observar en ella que entre los
varios oficios producidos sobresale el de la transformación de un individuo en lobo furioso; es decir, presen-
tando los apetitos y las inclinaciones de esta fiera. No
reconociendo por consiguiente nada de exagerado en la
carta que Mr. Philips dirige al Sr. Ministro de Gracia y
Justicia, no he visto por consiguiente nada de exagerado en admitirla para darle curso, a cuyo fin me cabe el
honor de acompañarla a V.E. para los fines convenien-
tes, junta con el otro número del diario de Argel que con-
tienen en sucinto la traducción del relato de la causa

contra Blanco que insertan los periódicos de Madrid. Para rendir homenaje a la verdad y en apoyo de cuanto he dicho, tengo el honor de remitirle igualmente adjunto un certificado firmado por algunas personas notables de esta ciudad que atestiguan ser cierto cuanto va referido en la expresada carta del profesor Mr. Philips. De Real Orden comunicada por el Sr. Ministro de Estado lo traslado a V.E. para su conocimiento, acompañándole la referida carta de Mr. Philips y demás anejos que se citan en el despacho del Cónsul de España.

Enterada S.M. la reina (q.D.g.) de la preinserta comunicación a que se hace referencia y deseosa de que un fenómeno de esta naturaleza se estudie con el detenimiento que requiere, ya para mejor ilustración de la Justicia, ya también por lo que pueda importar a una ciencia que tanto puede influir en la suerte de la especie humana, se ha servido mandar se remitan a V.S. la carta de Mr. Philips y demás documentos que acompaña el Cónsul de Argel, para que en la causa de su razón obre los efectos de justicia, previniendo al mismo tiempo a la Sala que de ella conoce de que en caso de que recaiga sentencia que cause ejecutoria de pena capital, suspenda la ejecución e informe manifestando el resultado que produzcan las investigaciones científicas a que pueden dar lugar los citados documentos. Lo que digo a V.I. de Real Orden para su conocimiento y efectos consiguientes, advirtiéndole que no acompaño hoy los documentos que se citan, porque se está sacando copia de ellos para otros usos que ha dispuesto

S.M., dilatando por este motivo la remisión que verificaré a manos de V.I. en uno de los más próximos correos. Dios guarde a V.I. muchos años. San Ildefonso 24 de julio de 1853. Gobantes. Sr. Regente de la Audiencia de la Coruña.

Para la traducción de los documentos a que se refiere la anterior, adoptamos la oficial de la causa, tal cual ha sido hecha por el catedrático de lengua francesa en la Escuela del Consulado. Es como sigue: «Argel 5 de julio de 1855. Excmo. Sr. La libertad que me tomo en este momento de dirigirme a Vuestra Excelencia tiene por objeto detener, si es tiempo aún, la mano de la justicia española pronta a caer sobre un desgraciado que tal vez no es sino la primera víctima de un estado de enajenación que le habrá conducido fatalmente a la perpetración de hechos atroces, por los que acaba de ser condenado a la pena capital. Manuel Blanco Romasanta. Condenado a muerte por el tribunal de Allariz (provincia de Ourense) como culpable de haber consumado con sus dientes y sin el auxilio de ninguna arma el asesinato de varias personas para comer después sus carnes palpitantes, ha confesado los hechos de la acusación; pero pretende para disculparse haber obrado bajo el imperio de una ilusión que le quitaba la conciencia de su personalidad humana y le sujetaba a los instintos irresistibles de los brutos. Ese desgraciado afirmó que en aquellos momentos de furor antropófago se creía transformado en lobo. Los médicos llamados para apreciar el valor de esta extraña alegación han declarado no ver en ella sino una impostura grosera imaginada por el condenado para eludir el castigo. Pues bien, Excmo. Señor, después de un examen minucioso de los detalles que arroja la causa e ilustrado por un estudio especial de las enfermedades del sistema nervioso, no puedo menos de reconocer a un desgraciado acometido de una especie de monomanía conocida de los médicos antiguos bajo el nombre de licantropía. Este estado mórbido, resultado de un desorden de las funciones del cerebro, aunque no se produce espontáneamente sino en casos muy raros, puede producirse en casi todos los individuos de ambos sexos por medio de un procedimiento que un descubrimiento reciente nos ha hecho conocer y que en circunstancias accidentales pudieran haber hecho caer en manos del que Blanco designa como autor de su afección monomaniática. De donde resulta, Excmo. Sr., que el crimen por el que Blanco acaba de ser condenado a muerte podría ser muy bien la consecuencia fatal de un estado mórbido del que las personas más honradas serían ellas mismas pasibles; y que desde hace dos años determino con todos los caracteres monstruosos manifestados por los hechos de Blanco, en experiencias que tienen por objeto ilustrar el arte de curar sobre las verdaderas causas de las enfermedades. En apoyo de lo que dejo expuesto presento el testimonio de los hombres más competentes y honrados de la ciudad de Argel, ofreciéndome al mismo tiempo a presentarme a expensas mías ante V.E. o cualesquiera otras personas que se sirviera designar para reproducir experiencias cuyo resultado sería demostrar de un modo irrefragable la posibilidad de que Blanco no sea de ninguna manera responsable de sus asesinatos y evitar así una muerte que sería un error lamentable de la justicia y un duelo más para la humanidad. Tengo el honor de ser con el más profundo respeto de V.E. el muy humilde y obediente servidor. Philips, profesor de Electro-Biología en Argel (África francesa). A son Excellence Monsieur le Ministre de la Justice en Espagne. Los que abajo firmamos, todos vecinos de Argel, declaramos haber asistido a varias de las sesiones del Sr. Profesor Philips y especialmente a la del 22 de junio próximo pasado en el teatro de Argel, en la que, entre otras experiencias hechas por él, ha colocado a una persona bajo la influencia de los instintos irresistibles del lobo, y que los detalles consignados con este objeto en los números 1822 y 1826 del periódico el *Akhbar* están perfectamente de acuerdo con la verdad. Argel el 16 de julio de 1853. Bressiano - A. Dubos-Bourget - J. Dulcar - J. Jurand - E. Mieridtz- Felix Deiriast - Francisco Pravant - L. Meilson - G. Caró.

¡Ah, qué dulce reina la nuestra y qué oportuno y desinteresado profesor! Dios los bendiga. Pero no me imagino a mi padre, por muy borracho que estuviese, penetrando en los arcanos de la ciencia que propone Mr. Philips e induciendo en mi cerebro las disfunciones precisas para que mi locura fuese cierta gracias a quién sabe qué procedimiento que circunstancias accidentales hubiesen puesto en su poder.

Si he de mostrar mi parecer, debo dejar constancia de que concuerdo con el señor fiscal de Su Majestad, con la fina ironía que trasluce su respuesta, incluso con la inteligencia que lleva a cabo de todos mis actos y también con el análisis que hace de las intenciones de este profesor no tan chiflado como pudiese parecer.

¿Cómo se puede realizar un examen minucioso a través de la simple lectura de un periódico? ¡Este cretino me desprecia! ¿Y cómo se puede suponer, cómo se puede juzgar de manera tan poco ventajosa el estado de la ciencia médica en Galicia?, pues si bien la indicación se presenta embozada, demasiado se descubre que Mr. Philips abriga dudas acerca de que se conozcan en toda su extensión los efectos de la monomanía conocida por los médicos con el nombre de licantropía.

Si me dejan que me lo pregunte yo también y que lo haga con las mismas palabras que el fiscal, entenderán que recuerde que ya habló doctoralmente de ella don José Lorenzo, bajo la mirada impasible y atenta del licenciado en medicina y escritor don Vicente María Feijoo, a quien quisiera ver yo argumentando con el profesor argelino.

Según don Pedro, que ha vuelto a visitarme, también el doctor Aldemira opina como don José Lorenzo. Incluso afirma don Pedro que aquél es más frío y racional que éste en sus afirmaciones. Por eso es insultante lo que afirma este botarate procedente de la Argelia. Es insultante. Mi fiscal tiene razón. No me han condenado a muerte como culpable de haber consumado, con mis dientes y sin el auxilio de ninguna arma, el asesinato de varias personas, para comerme después sus carnes palpitantes, sino como autor de unas muertes que fueron el resultado de un plan minucioso, lentamente conducido y lentamente elaborado, ejecutado con frialdad extrema y espantosa, con el único y principal objeto de apoderarme de los mezquinos efectos de las víctimas, primero seducidas, luego asesinadas y abandonados más tarde sus restos para que fuesen comidos por los lobos.

Me hace más justicia el fiscal y alaba mi inteligencia, que el profesor argelino ignora, como despectivamente lo hace con la ciencia de los médicos alaricanos. Me hace justicia el fiscal, alaba mi inteligencia, pero eso me condena a muerte, mientras que la benevolencia obsecuente del hipnotizador me redime de ella. Benditos sean, pues, el poco preclaro profesor y el periódico argelino. Bendita sea la reina que, previendo el fallo, se adelanta a él y ordena detener la ejecución en espera de su posterior y real designio.

Don Pedro, siempre atento a mis cuitas, ha visitado las casas coruñesas después de haberse detenido en Compostela para solicitar comprensión y ayuda arzobispal. La Santa Madre Iglesia está con su oveja más descarriada. Cuando me hizo saber don Pedro de la buena disposición de Su Eminencia y de los buenos oficios que dispensaría a mi favor, no pude menos que pedirle que me escuchase de nuevo en confesión y me administrase una vez más el Santo Sacramento de la Eucaristía.

Soy la oveja descarriada que regresa al redil. ¿No se ha de alegrar Dios Nuestro Señor mucho más por un pecador que se confiesa, por alguien que haya estado ocupado por el Maligno y sometido a su poder diabólico, que por cien justos que se salvan? En mí todo se cumple, yo justifico su existencia, y los clérigos lo saben. Claro que yo también. Y de ello me valgo. Gracias a ellos soy el Hombre Lobo, mucho más de lo que nunca hasta hoy lo haya sido, al menos para la mayoría de la gente, Su Majestad la reina, entre toda ella. Y eso me salva.

La noticia de la intervención real, transmitida por la prensa, llegó a los más apartados lugares del reino e hizo mi situación si cabe todavía más sonada. ¡Ah, qué magnánimo corazón el de nuestra soberana que así se preocupa y entretiene por el más humilde y alejado de sus súbditos! ¡Y qué pulcra dedicación a la ciencia, la suya! Lo que Bárbara no admitió, lo que ni siquiera sopesó, gracias a un solo instante de vacilación, eso mismo, lo considera la augusta dama sin más que producirse la insólita y gratuita irrupción del argelino... y los buenos oficios de la condesa de Espoz y Mina.

Don Pedro, que más parece monja que clérigo, irrumpe en todos los ámbitos, accede a todas las conciencias, penetra en todos lo hogares. Es mi grande, magnánimo y ¿desinteresado? valedor. Llevado de su espíritu salvífico no se conformó con hablar con los jueces, no le fue suficiente implicar al arzobispo, ni haber intentado razonar con Bárbara o influir en el doctor Feijoo. Le pareció poco el hecho de cambiar impresiones con los curas de su mismo arciprestazgo, dirimir con los médicos y venir a visitarme con frecuencia. Cuando se enteró de que doña Juana de Vega había sido el aya de su majestad, recurrió a ella.

Se plantó en el domicilio de la condesa viuda de Espoz y Mina y la convenció de mi licantropía. ¡La de espasmos que habrá padecido la señora, en sus noches de pesadilla e insomnio! Que le aprovechen. Ella fue quien interesó a la reina, ella quien la indujo a la lectura de la prensa, quien le escribió de modo lastimero rogándole el misericordioso perdón para este pobre ignorante y miserable, para este ser al parecer elemental y primitivo, supersticioso y humilde, en el que la voluntad popular, los dicterios de Mr. Phillips y la regia voluntad me han convertido.

7

El diecinueve de septiembre de 1853 el fiscal Bastida, respondiendo esta vez a las alegaciones de mi distante y científico defensor, como consecuencia de la intervención de quien mi abogado calificó en mi presencia como un no muy aventajado, pero sí muy oportuno discípulo de Mesmer, firmó un nuevo escrito que finalizaba con la afirmación de que el fiscal se abstenía de entrar en el fondo de la cuestión de la monomanía y procuraba limitarse a las consideraciones indispensables para demostrar, primero, que hay en los autos todo lo que se requiere para decidir el punto controvertido, y, segundo, la absoluta inutilidad y la completa improcedencia de los experimentos que Mr. Philips propone, pues para el tribunal, que ha de fallar con presencia del debate escrito y oral, basta con lo ya expuesto en esta censura.

Añadió Bastida que sólo si recayese sentencia ejecutoria, y llegase el caso de tener que informar al gobierno de Su Majestad, quizá creería oportuno ampliar sus ideas y consignar algunas reflexiones importantes, pues V. E. procedería, en tal caso, como juzgase más conforme. Dicho sea así y recordado sea también con las palabras exactas de quien se dignó estampar su firma al pie de ellas, el fiscal Bastida que Dios guarde.

Al saberlo, mi abogado no cabía en sí de gozo. Mientras tanto, yo optaba por mantenerme expectante y circunspecto, paladeando el lenguaje jurídico que ya empezaba a hacérseme familiar, pero desconfiando de que pudiese ser verdad tanta belleza. ¡La intervención real produciéndose en mi favor! ¡El fiscal ignorándola por completo! Nada podría ser más favorable a mis intereses. Rúa Figueroa llegó a asirme por los hombros y a zarandearme, llevado de su euforia. Tuve que frenarlo con una mirada que lo consiguió, pero que contribuyó a que él midiese sus fuerzas con las mías.

Sucedió así cuando el abogado descubrió mi fiera irritación; entonces, de modo instintivo, retiró las manos de mis hombros. Pero a los pocos instantes, como producto de una reflexión que me imagino, su mirada se tornó grave y su semblante adusto. Con voz gélida se dirigió a mí, mientras el dedo índice de su mano derecha se posaba en mi entrecejo y sus ojos se clavaban en los míos.

—No se equivoque, Manuel, no vaya ser que acabe realmente aullando —me dijo—. Ni se le ocurra vol ver a insinuar siquiera sea con la mirada nada que pueda volver a insultar mi inteligencia.

Después regresó a la calma que yo había ahuyentado con mi provocación y que él, sólo de modo momentáneo, había perdido o había fingido perder por culpa de mi gesto. Lo había pillado desprevenido, eso sí, pero aunque fuese breve e instintivamente se había puesto en guardia, dejándome prevenido y en alerta para siempre. Acusé el aviso y, lleno de una ingenuidad que ahora reconozco como propia, me pregunté por qué se había ofrecido a defenderme si no me suponía inocente, si me creía culpable.

Ya dije que era joven y ambicioso, dotado de instrumentos que la sociedad me había negado a mí y que en cambio, no digamos que de modo injusto, sí había puesto a su alcance. La vida es como es. Ni justa, ni injusta, tan sólo como es. Sabemos del equilibrio porque lo perdemos. Podemos confirmar que emitimos juicio cuando reconocemos una conducta equivocada. Es al pensar cuando se cometen los errores. Por eso yo disfruto tanto sintiendo. El placer es cierto. Yo lo he perseguido siempre. Y siempre lo he encontrado. Hasta en la reciente ira del letrado he sabido encontrar encanto. Lástima no poder disfrutarlo enteramente.

En aquel momento de la ira controlada, desde la nueva celda del castillo en el que me han recluido, para trasladarme desde él hasta la Audiencia cada vez que se celebren sesiones del juicio, se podía oír el ruido que hacía el oleaje del mar al romper contra las rocas, pues hasta ella llegaba, nítido, supongo que sin mayor dificultad. Lamenté no poder verlo. Lamenté no ver el mar.

En la otra celda sí podía contemplarlo. Pero me trasladaron a ésta. Lo hicieron cuando vieron que, con demasiada frecuencia, se acercaban barcas de remos desde las que sus ocupantes me interpelaban. En esas ocasiones yo esperaba a interpretar sus admoniciones hechas a gritos, a sus preguntas cargadas de curiosidad, o a sus insultos, hasta entenderlos antes de responder a ellos. Según como fuesen sus gritos les vociferaba yo mis verdades, proclamando mi inocencia, lamentándome de mis crímenes, pidiendo su perdón, o aullando como un lobo al tiempo que blasfemaba como un poseído. Resultaba divertido ser tantas y tan distintas personas a la vez. Y a los náuticos visitantes parecía entretenerles.

El hecho de navegar hasta el castillo de San Antón llegó a constituir un espectáculo y a convertirse, el pequeño viaje hasta él desde el muelle del Parrote, en un obligado desplazamiento marítimo, en una pequeña singladura dominical recomendada a los habitantes herculinos. Don Pedro me aseguró que era, que es tal mi fama que acudían desde Ferrol y de Santiago y aun de otras ciudades del reino de Galicia con tal de saberme cerca, de sentir la proximidad del Hombre Lobo. Y que fue muy poco a poco como dejaron de venir, aburridos de no encontrar eco a sus voces. Lo sentirían los marineros que los transportaban en sus barcas de pescadores. Según don Pedro algunos de ellos hicieron las Américas. Yo también lo siento. Ahora no oigo sus voces. Tampoco veo el mar. Pero lo escucho.

Hasta que me trasladaron de tal celda podía serenarme con sólo alargar la vista sobre el horizonte que se me antojaba ilimitado. Nunca antes había sabido de este descanso de la mente que consiste en abandonar la vista a la contemplación del horizonte. Nunca antes de ser trasladado a A Coruña había contemplado el mar. Confieso ahora que su primera visión me produjo vértigo. Y pánico real el hecho de tener que subirme a una lancha para que me transportasen en ella hasta el castillo de San Antón.

Sabía que don Vicente había cruzado el Miño, a bordo de una barca, sin apearse del caballo, porque aseguraba que, en caso de volcar la embarcación, el animal nadaría hasta conducirlo a la orilla, algo que no estaba en condiciones de afirmar que haría él, nadando a merced de la corriente impetuosa, sin asirse a las bridas del caballo. Pero yo no tenía animal alguno al que asirme como no fuese a las orejas de los guardias que custodiaban mi traslado. Pasé miedo. Y me sentí salvado cuando puse el pie en las pequeñas escaleras del embarcadero en el que atracamos.

Pero ahora no me han recluido en una celda que dé sobre el agua, como lo hacía la anterior, sino en una de las más profundas del edificio, aislado en medio del mar, en las proximidades de la ciudad. Nunca podré escapar de aquí sin saber nadar.

Oír el ruido del mar, saberlo rodeando mi encierro, contribuyó a que aceptase el comentario amenazador de mi abogado, dispuesto a salvarme tan sólo para saberse ensalzado en su condición profesional y a conseguirlo gracias también a la misma disposición y frialdad con las que yo había condenado a mis víctimas para elevarme sobre mi propio origen. Por eso acepté esa amenaza y tomé nota del aviso que encerraba. No se puede decir que ahora no nos conozcamos. Me mostré sumiso y receptivo a sus palabras y no volví a provocar nunca su queja. Pero no la olvido.

El nueve de noviembre de 1853, don Pedro Pascasio Valdés, como presidente, y los señores don Juan de Mata Alvarado, don Antonio Rodríguez Roca, don Félix Eremchum y don Eusebio Morales Puigdeban, como magistrados de la causa, fallaron que debían revocar y revocaban la sentencia del seis de abril consultada por el juez de primera instancia de Allariz y que me condenaban a la pena de cadena perpetua, interdicción civil, inhabilitación perpetua absoluta y sujeción a la vigilancia de la autoridad durante toda mi vida si obtuviese indulto de la pena capital. También firmaron que se devolviesen los efectos rescatados a los que se creyesen con derecho a ellos, que me absolvían de la instancia en cuanto a los homicidios, aprobaban el sobreseimiento dictado el cuatro de febrero respecto a Domingo Alonso y mandaban que se diese sepultura eclesiástica a los huesos hallados en los montes. ¡Estaba salvado! ¡La prensa, la ciencia y la intervención real lo habían logrado!

Cuando oí la sentencia y me di cuenta de que su lectura había concluido me quedé atónito, paladeando el silencio que se había expandido por la sala; luego, volví la cabeza en la dirección en la que sabía que habría de ver la expresión grave de don Vicente María y la de Bárbara, que no supuse tan asustada. Ahora sí que yo era el Hombre Lobo. La Audiencia no me absolvía de mis crímenes, pero sí de la condena a muerte. Para entonces yo ya había aprendido, a todos los efectos, que los titulares de los periódicos eran los que me habían salvado del garrote, los que me habían absuelto de la pena de muerte, los que de momento me condenaban a cadena perpetua, porque luego ya veríamos.

Soy el Hombre Lobo. En el momento de oír el fallo del jurado, supe que había fructificado la duda que yo había sembrado tan pacientemente, regada que había sido con la carta de Mr. Philips y sancionada por la intervención real. Soy el Hombre Lobo.

Todo lo tratado en la prensa, todo lo afirmado por Mr. Philips y lo hablado en el juicio sería lo que habría de permanecer en la conciencia de las gentes. Equivalía a que se había admitido, de una forma u otra, que yo era quien había afirmado ser. Un hombre lobo, un pobre e intelectualmente desvalido hombre lobo, un campesino ignorante y supersticioso, lamentable consecuencia de un entorno social atrasado y deprimido.

Bárbara había fracasado, Feijoo era un pobre médico de pueblo, la reina era magnánima. Mr. Philips se había convertido en un científico de fuste que pronto empezaría a hacer oír su voz en los foros internacionales, expandiendo las circunstancias de mi caso. Rúa Figueroa publicaría su libro con él y yo saldría a la calle en unos pocos años con motivo de cualquier gracioso y real indulto, si no antes. Todo esto lo supe en aquel mismo momento de oír el fallo del jurado.

Continué mirando al médico escritor hasta que supe su mirada cambiada en otra en la que asomaba admiración hacia mi inteligencia y pude aceptarla complacido. Para entonces la de Bárbara también había cambiado. Ahora estaba llena de odio, había comprendido que yo me había salido con la mía, que había salvado la vida. Estaba esperando su turno, estaba aguardando el momento oportuno de transmitirme toda su contenida frustración, todo su deseo de venganza. Ahora ella era igual que yo, sólo que no había matado. Pero supe que podría hacerlo en cualquier momento cuando, sin dejar de mirarme, escupió de frente al aire, sin importarle sobre quién podría ir a caer su escupitajo. Ahora ya es igual que yo. Ser igual que yo es mucho más fácil de lo que le pudiera parecer a los espíritus sensibles.

Rúa Figueroa paladeaba su triunfo, mientras tanto, demorándose en la recogida de sus papeles, recreándose en la suerte de saberse observado con profesional respeto por la mayoría de sala, incluso con admiración.

Sabía que aún habría de continuar la causa, que todavía el fiscal apelaría la sentencia y que él debería argumentar de nuevo contra ella. Pero a partir de ahí, en el peor de los casos, en el caso improbable de que fuese de nuevo condenado a muerte, todavía quedaba la real advertencia de que la ejecución se suspendiese en espera de la regia decisión; es decir que, fuese como fuese, yo ya había salvado mi vida y aún quedaban ríos de tinta por correr, tantos que excitasen todavía más al perdón, todavía más, todavía mucho más, el ánimo real y el del resto de las gentes.

Mi abogado miró hacia mí como un carpintero podría hacerlo hacia el más hermoso mueble que hubiese construido, cuando ya se hallase ocupado en la construcción de otro; o como si lo hiciese hacia el más horrible e inútil de todos los que hubiese realizado, llevado de un compromiso malamente adquirido, de una forzada voluntad o de la utilización de un material de desecho o estropeado, una vez que ya lo tuviese vendido y se dispusiese a aplicar en la construcción de otro las habilidades propias de su oficio; o sea, con una actitud en la que tanto se pudiese adivinar orgullo como indiferencia.

Tampoco olvidaré nunca esa actitud. Rúa Figueroa había llegado hasta mí haciendo valer su buena disposición para defenderme por el turno de pobres. Ahora recordaré mientras viva que su actitud, interesada y fría, ha sido más útil a sus fines y a los míos que la mantenida por Feijoo y Bárbara. Incluso que la desarrollada por Bastida. Las tres han sido guiadas y han estado sometidas a la pasión que despierta el afán por la justicia, pero no les ha valido de nada. ¿Y qué decir de las de los jueces, sometidos al peso de la opinión pública, a la suscitada por la prensa y a la benevolencia de la intervención real, que tanto les han influido y que ellos han procurado no excitar? Conviene, pues, mantener siempre la cabeza fría. Siempre. Conviene no dejarse influir por nada y que todo suceda sin previa intervención de tu voluntad con preferencia a la ajena.

De la figura de mi abogado y de su mirada distante, trasladé la dirección de la mía hacia la del fiscal de la causa seguida en mi contra. Tampoco debe de ser bueno haber vivido tanto, saber tanto como él debe de haber aprendido sobre la condición humana, porque después de tanto conocimiento así adquirido, a través del trato con realidades como la que yo acabo de aportarle, el ser humano, sea fiscal o no, se tiene que sentir vacío de las verdades que nos predican hombres como don Pedro Cid y que a la postre son las que devienen siempre en necesarias. ¿Para qué? Pues para algo que ate las conciencia de las almas simples e impida que se disuelvan. No es poco. Y sirve a los fines de la sociedad establecida.

Bastida ya había recogido sus papeles hacía tiempo y acaso tan sólo estuviese esperando a que Rúa hiciese lo mismo con los suyos para ir a felicitarlo, o bien a que éste se decidiese a acudir a saludarlo a él.

Pero no se produjo el encuentro. Cada uno habría de salir por su lado, bordeando los bancos reservados para el público, ignorándose. Me lo contó don Pedro en la hasta ahora su última y feliz visita, pues no ceja en su empeño de salvarme.

En este momento, en este tiempo en el que yo todavía escribo, aún quedan trámites por llevar a cabo, pese a que ya no queden extremos por aclarar o resolver. Ya está todo claro. Soy el Hombre Lobo y conservo mi vida.

Cuando los guardias vinieron hacia mí para llevarme con ellos, sacándome de la sala, recobré mi actitud arrogante y fiera. Ahora puedo permitírmela. Soy el Hombre Lobo. Ahora puedo insinuar que tal condición puede regresar a mí en cualquier momento, pues sólo así conseguiré que me teman, y prefiero su temor a su compasión. Sin embargo, al dejar la sala no pude evitar dirigir una última mirada a la gente que, como yo, la iba abandonando.

Bárbara permanecía en pie, observándome, mientras yo me dirigía a la puerta que, una vez cruzada, daba inicio a esta soledad en la que desde entonces permanezco. La vi hermosa y no pude dejar de preguntarme cuándo volvería a catar carne de mujer. En ese momento sonreí y me volví a mostrar sumiso y encantador, tanto que, de haber hablado, mi voz hubiese recobrado los registros feminoides de épocas que sin embargo creía poder considerar como ya superadas. Ahora volveré a ellas. Me divierten. Me gusta ver volar mis manos, mientras hablo, verlas revolotear agitadas, como si fuesen mariposas. Cuando la miré por última vez, Bárbara me observó desde su altura, midiéndose conmigo, y dejó traslucir cierta sorpresa en el rostro. Luego volvió la mirada hacia el lugar que había ocupado el doctor Feijoo-Montenegro y, al ver que ya no estaba, sus labios de distendieron en una sonrisa, no sé si alegre o triste, pero que me pareció propia de estarle consultando algo sobre mí en voz confidencial y baja. Nunca sabré lo que le podría haber respondido el médico. ¿O sí? Nunca se sabe.

8

A lo que hasta aquí he escrito debo añadir lo que sigue.

El fiscal firmó sus nuevas alegaciones el día cuatro de marzo de 1854, y la nueva vista se señaló para el veintitrés del mismo mes. Duró cinco días y al final Rúa Figueroa disertó como suele hacerlo, supongo que pensando en el libro del que ya tiene concertada su edición.

Volvió a insistir el fiscal en el terror que mi más que probable puesta en libertad desataría en todos los confines del reino y que ése sí sería un terror real, mucho mayor y más eficaz que el que me supone mi condición de lobo. ¡Cómo se lució ilustrando la posibilidad de que quedase en libertad un asesino como yo, gracias al peso de la opinión pública concitada de tal forma por la prensa, que había propiciado incluso la real benevolencia!

Le correspondió Figueroa con anécdotas ciertas de casos inciertos, de forma que yo acabé por aceptar que sí puede resultar terrorífico para el resto de la gente el hecho de que alguien como yo pueda ser puesto en libertad, pero que no lo es menos el de que abogados como él puedan valerse de la ley para alcanzar sus fines, tanto empieza a atravesárseme su displicente actitud de hombre ambicioso y frío. No me quiere salvar, sino que se quiere alzar, se quiere elevar; sea sobre mí o sobre mi cadáver, algo que al fin y al cabo lo dejaría indiferente.

¿Qué es lo que lo convierte a él en alguien más digno que yo? Seguro que las almas puras han de encontrar respuesta que, sin duda, despertarán en mí la sonrisa que fácilmente se imagina. ¿Quedaré al fin en libertad? Eso espero. Algún día, he de regresar para dar cumplida cuenta de todo cuanto aquí, de un modo u otro, dejo ya advertido.

Los jueces, llevados de consideraciones fácilmente deducibles, revocaron su propia decisión y confirmaron la que había dictado el juez alaricano, aquel en el que tanto había influido la serenidad del médico escritor. Pero el milagro estaba ya conseguido de antemano por la intervención de la prensa y del profesor que se hallaba de paso por Argel. La sentencia ya estaba promulgada por la voluntad popular no sé si sabiamente dirigida.

¿Qué más da un juzgado de instrucción, que uno de primera instancia o que otro de casación, el más alto de todos, aquel cuya sentencia ya no se puede recurrir? Nada podría alterar lo que la voluntad real ya había decidido. Sin embargo, ¿cuántas presiones, independientemente de la oportunidad, razón o justicia que las provocasen, no habrán padecido los miembros del jurado para desdecirse ellos mismos de la decisión que habían tomado?

No me resulta difícil imaginarme a sus responsables en el trance de hablar nuevamente de mí, pues ya lo hice en otras ocasiones. Ahora no hace al caso que describa a Feijoo y a Bárbara clamando justicia, yendo de despacho en despacho, alertando las conciencias de los jueces o induciendo otra opinión en los miembros de la prensa. El ser humano es así, voluble, en la mayoría de los casos, y pocos son los que se mantienen firmes. A ésos hay que temerlos, siempre.

Ahora sé que algún día saldré de aquí, pues la real orden del veinticuatro de julio de 1853 impide publicar y ejecutar esta revisión de la sentencia. Por ello mi abogado, de nuevo, ha tomado su responsabilidad en el asunto, la que tanto afecta a mi vida y su futuro. Ayer estuvo aquí y sin mediar palabra me extendió copia de la carta que dirigió a la reina el veinticuatro de abril de este mismo año, solicitándole mi indulto, y otra más, del dos de mayo, que por ser más corta reproduzco, como ya hice con algunos otros documentos:

Señora:

El que suscribe, letrado defensor nombrado en la Audiencia de Galicia al desgraciado Manuel Blanco Romasanta, vuelve hoy a los Reales Pies de Vuestra Majestad y respetuosamente expone que en veintiséis de abril próximo pasado acudió a la Sala de Justicia que de la causa conoce pidiéndole que si era llegado el caso de informar a V.M. según lo prevenido en vuestra Real Orden de veinticuatro de julio del año último, se acompañase al informe de la Sala copia certificada de la defensa escrita del acusado en el Tribunal de segunda instancia, de otro escrito de cuatro de octubre en que se pidiera la remisión de la causa y del acusado a disposición de la Academia de ciencias médica y quirúrgica de Madrid, para los efectos prevenidos en la citada Real Resolución y de la Real Sentencia de vista de nueve de noviembre del mismo año, para que V.M. meditase y apreciase en su alta consideración en lo que en sí valiesen estos datos de la causa. El defensor no sabe, Señora, si tan justa como inofensiva pretensión ha sido o no estimada. Es de suponer que sí, pero en la duda que el silencio le inspira se atreve, Señora, a presentar a los pies de V.M. aquí adjunta la copia de la Real Sentencia de vista que absuelve al acusado de los homicidios que se hacía cargo. De su exactitud respondo, Señora, como hombre honrado, pues otra autenticidad no está a mi alcance conseguirla. A V.M. humildemente pues suplico se digne acoger esta solicitud y apreciar cual acostumbra en su acrisolada justicia esta resolución de una Sala de Justicia de vuestra Audiencia de Galicia en tan gravísimo como notable negocio.

Dios conserve dilatados años los importantes días de V.M. Coruña dos de mayo de 1854. Señora. A los R.P. de V.M. Manuel Rúa Figueroa, defensor del acusado.

Algún día saldré de aquí. Hay indicios de que el trece de mayo la reina ha de firmar mi indulto y son muchos los rumores que llegan hasta esta celda en la que entretengo mi soledad, redactando estas memorias, según he aprendido a hacer en mal remedo de las que haga mi abogado.

Es algo de lo mucho que he ido sacando en limpio, además de mi mayor capacidad de compresión acerca de todo lo que sucede sobre el mundo y a mi también superior capacidad de expresar en palabras todo cuanto acerca de este hecho pueda acabar pensando o incluso sintiendo. La vida es una aventura inútil y apenas vale nada. Por eso sé que, cuando salga de aquí, algún día, he de recordar todos y cada uno de los nombres que intervienen en mi historia de hombre lobo, juzgado y condenado por la Audiencia de Galicia. Y entonces aullaré de placer.

ÍNDICE